5 MINUTOS DE TERAPIA

Sarah Crosby

5 MINUTOS DE TERAPIA

LEMBRETES DIÁRIOS
DE UMA TERAPEUTA
PARA SE SENTIR
MAIS CONFIANTE,
SERENO E FELIZ

Tradução
Marcos Malvezzi Leal

Editora Cultrix
SÃO PAULO

Título do original: *5 Minute Therapy*

Publicado originalmente como *5 Minute Therapy* em 2020 por Century, uma divisão da Cornerstone. Cornerstone é parte da Penguin Random House, Grupo de Empresas.

1ª edição 2025.

Editor: Adilson Silva Ramachandra
Gerente editorial: Roseli de S. Ferraz
Preparação de originais: Danilo Di Giorgi
Consultoria técnica: Verbenna Yin
Gerente de produção editorial: Indiara Faria Kayo
Editoração eletrônica: Join Bureau
Revisão: Luciane Gomide

Dados Internacionais de Catalogação na Publicação (CIP)
(Câmara Brasileira do Livro, SP, Brasil)

Crosby, Sarah
5 minutos de terapia: lembretes diários de uma terapeuta para se sentir mais confiante, sereno e feliz / Sarah Crosby; tradução Marcos Malvezzi Leal. – 1. ed. – São Paulo: Editora Cultrix, 2025.

Título original: 5 minute therapy
ISBN 978-65-5736-351-5

1. Autoajuda 2. Autorrealização (Psicologia) 3. Desenvolvimento pessoal 4. Psicoterapia I. Título.

24-230085 CDD-150.195

Índices para catálogo sistemático:

1. Terapia: Psicoterapia: Psicologia 150.195
Cibele Maria Dias – Bibliotecária – CRB-8/9427

Direitos de tradução para o Brasil adquiridos com exclusividade pela EDITORA PENSAMENTO-CULTRIX LTDA., que se reserva a propriedade literária desta tradução.
Rua Dr. Mário Vicente, 368 – 04270-000 – São Paulo, SP – Fone: (11) 2066-9000
http://www.editoracultrix.com.br
E-mail: atendimento@editoracultrix.com.br
Foi feito o depósito legal.

A Louise, Ger e Claire –
e a todos os que mostram às pessoas
o que é o sentimento de segurança

INTRODUÇÃO

Olá, você!

Que bom que está aqui.

Seja bem-vindo a *Cinco Minutos de Terapia*. Você provavelmente tem vontade de se conhecer melhor e está procurando um guia que o ajude nessa jornada. Explorar o próprio *self* (ou seja, a identidade) é essencial para uma pessoa criar e manter a felicidade, a autoconfiança e a calma. Portanto, se é isso que você quer cultivar, está no lugar certo. É interessante pensar nessas questões, não é? Quem sou eu? O que significa, afinal, a tão temida frase "seja quem você é"? O que significa "ser autêntico"?

Antes de você e eu adentrarmos o livro *Cinco Minutos de Terapia*, permita--me compartilhar uma de minhas lembranças mais antigas de ser quem eu sou, quando eu tinha 7 anos de idade. Talvez você se lembre de sua experiência também!

Quando o ano letivo terminou e os pais enfrentavam a realidade inevitável de dois meses inteiros de episódios ininterruptos de *Sabrina, Aprendiz de Feiticeira*, muitos de nós, então crianças, estávamos de volta à escola primária, agora disfarçada de "acampamento de artes", mas na companhia de alunos de outras escolas.

Enfim, bem no meio do chuvoso verão irlandês, nós nos reunimos na sala da professora, a senhora Monaghan. Eu me sentei com minha amiga Claire esperando pelo início da diversão.

– Agora, falem um pouco de vocês! – berrou um coordenador meio atrapalhado para o grupo ali reunido.

A princípio, ninguém disse nada, mas, de repente, todos começaram a falar ao mesmo tempo, juntando-se naquela cacofonia característica de uma multidão de crianças.

– Meu nome é Paddy!

– Tenho 6 anos.

– Meu telefone é...

Um verdadeiro ataque aos sentidos.

Gritei:

– Meu nome é Sarah!

Todos os outros sons cessaram, e me encolhi, envergonhada pela minha apresentação.

– Ok, vamos identificar todos pelo nome! – gritou o coordenador, pegando um rolo enorme de etiquetas na gaveta da senhora Monaghan.

Nos quinze minutos seguintes, os coordenadores andaram em zigue-zague entre as crianças, perguntando seus nomes e escrevendo-os em etiquetas adesivas que eram então coladas em nossas camisetas.

– Pronto, Sarah. Esta é você.

Olhei para a etiqueta, com meu nome escrito com uma grafia cheia de voltinhas e curvinhas. Não deve ser tão ruim usar isso o dia todo, pensei.

– Agora, pessoal, separem-se em grupos de crianças com o mesmo nome! – instruiu o coordenador.

Olhei e vi o horror estampado em todos os rostos. Ele estava louco? Conheço algumas pessoas aqui, mas outras são da escola da outra rua! Não as conheço! São praticamente alienígenas, pensei. Nos minutos seguintes, os coordenadores nos fizeram mudar de posição e nos separaram dos pares originais. Fiquei com outras três Sarahs com carinhas de choro. Aliás, uma delas era "Sara", sem "h", mas eu não estava com nenhuma vontade de discutir semântica.

Olhei ao redor. As "Aoifes" e "Aislings" pareciam a maioria (eram nomes populares na Irlanda, naquela época). Minha amiga agora fazia parte de sua própria tribo. Dei uma olhada solidária aos nomes aleatórios à nossa volta, até juntarem Delilah, Anastasia e Tobin em um grupo chamado "sem pares".

Comecei a sentir pânico. Teria de passar o resto da semana com três meninas que não conhecia, simplesmente porque uma etiqueta determinava isso.

Não gosto disso, pensei; assim, cheia de coragem para lutar contra o sistema, despedi-me das Sarahs, arranquei a etiqueta de minha camiseta e andei furtivamente até o grupo de Claires. Elas estavam felizes entre si, e fiquei com elas até o fim do dia.

Quando criança, eu tinha pavor de autoridade, o que acontece até hoje, mas não poderia passivamente viver uma semana junto de pessoas unidas por uma etiqueta aleatória, sem o poder da escolha.

Embora nesse exemplo eu tenha "me rebelado" de maneira convicta contra a categorização (apesar do frio na barriga), em muitos outros momentos da vida tive de aceitar rótulos mais inúteis, impostos por outras pessoas ou por mim mesma. Apesar de o caso citado ser, na aparência, relativamente inofensivo, a questão aqui é que tendemos a ficar passivos e absorver o que dizem que somos. Isso significa que esse tipo de experiência pode definir, desde muito cedo, nosso sentido de *self*.

Em minha vida adulta, tanto na experiência pessoal quanto na minha vivência como psicoterapeuta, cheguei à conclusão de que uma grande parte do processo de descoberta a respeito de quem somos vem da remoção das etiquetas que nos colocam ao longo do caminho e também da escolha de explorar o que existe além dos limites dessas etiquetas.

Vamos deixar as coisas bem claras desde já. *Cinco Minutos de Terapia* pode ser muitas coisas, mas quero deixar claro que não é uma nova abordagem terapêutica que resolverá como num passe de mágica todos os seus problemas em cinco minutos. Tampouco é um substituto para a terapia ou qualquer tratamento para saúde mental. Este livro não alimenta você com promessas vazias nem vende uma cura rápida. Também não faz o trabalho que cabe a você, ajudando-o a se sentir mais feliz, mais confortável e mais autoconfiante. Desculpe-me por lhe dar essa notícia, mas achei melhor começar nossa relação com franqueza e honestidade!

Espero que você encontre em *Cinco Minutos de Terapia* algo mais significativo. Uma jornada de autoconhecimento. Uma remoção dos rótulos. Uma exploração da individualidade. Uma chance para um discernimento terapêutico de sua vida, livre do ruído das mídias sociais.

Este livro é repleto de informações acessíveis, dispostas em pequenos blocos, e você pode escolher se aprofundar neles ou lê-los na ordem apresentada. Com sorte, encontrará nos pensamentos e nas ideias destas páginas uma fonte de discernimento, confiança, conforto e apoio.

O tópico "Pausa de Cinco Minutos", que aparece por todo o livro, oferece exercícios eficazes e práticos para você experimentar em qualquer momento livre. No fim de cada capítulo, você encontrará "Lembretes Mentais", um incentivo para dedicar cinco minutos no fim do dia para refletir sobre os principais temas discutidos no capítulo.

Trago a essas páginas meus conhecimentos como psicoterapeuta, mas você colabora com o conhecimento de quem é e do mundo em que vive. Portanto, este livro não é um guia definitivo para "como ser quem você é do jeito que eu mando". É um convite aberto para embarcar em uma jornada de individualidade.

Este livro pode ser um recurso útil, se você:

* Tem a curiosidade e o desejo de se conhecer um pouco melhor.
* Está se sentindo um pouco (ou muito) perdido, e está à procura de mais clareza.
* Está se sentindo mal, e gostaria de se sentir melhor.
* Não tem certeza do que quer, enquanto as outras pessoas parecem progredir, certas de si.
* Quer se sentir um pouco mais feliz, mais confiante e mais calmo.
* Tem disposição para descobrir como as pessoas se isolam de si mesmas e como podem voltar para seu eu interior.

O livro explora as diversas partes de quem somos e de como estamos, na esperança de reconhecermos aqueles pontos da nossa personalidade que precisam ser cuidados e outros que já não fazem mais parte da pessoa que nos tornamos ao longo do caminho.

Você encontrará muitas palavras-chave, como apego, limites, autocuidado e compaixão. Portanto, se esses termos lhe causam uma espécie de tontura, sugiro que absorva o conteúdo com uma xícara de chá bem forte.

Chegamos a um limite, com uma quantidade exagerada de termos para definir a saúde mental. Eu mesma tenho de segurar um sorriso de deboche com palavras demasiadamente usadas, como "limites", de vez em quando (a propósito, o Capítulo 6 é todo sobre esse tema). Tive de lidar com essa aversão para não correr o risco de descartar certas mensagens essenciais simplesmente para evitar a superexposição de palavras específicas. Há um motivo para usarmos cada vez mais esses termos: as conversas que eles viabilizam são importantes e necessárias. Por isso, convido você a deixar de lado quaisquer reservas que tenha quanto aos "jargões", inclusive os meus.

Minha esperança é que nestas páginas você encontre ideias fáceis de digerir acerca de temas nem sempre tão digeríveis – reflexões, orientações práticas, perguntas exploratórias, lembretes e diversas outras ferramentas que você pode usar para explorar seu *self* de maneira mais plena.

Se você já tem um bom discernimento de quem é ou, pelo contrário, sente-se um tanto perdido na vida, poderá, enfim, usar o livro para refletir, aperfeiçoar sua compreensão de certas partes de sua experiência e, assim esperamos, começar a reconhecer e romper velhos padrões, além de criar novos modos de ser.

A jornada para estabelecer ou recuperar o sentido de identidade é composta por uma série de escolhas feitas por cada pessoa. Ninguém pode nos dar nosso sentido de *self*. Assim, embora este livro ofereça ideias, reflexões e sugestões que, juntas, podem fazer uma importante diferença em sua vida, afirmo, por experiência própria, que só a *leitura* não costuma ser o bastante para gerar uma mudança duradoura. O discernimento desperta a percepção, mas a *mudança real* exige trabalho, ação, exposição ao risco, compaixão, vulnerabilidade e paciência com o processo.

Portanto, recomendo que você se envolva o quanto puder com as reflexões, práticas e lembretes sugeridos neste livro e sugiro que faça anotações em um diário ao terminar cada um dos capítulos. E saiba que não tem problema se você não sentir vontade de fazer isso em um dia ou outro.

Cada capítulo aborda um aspecto diferente da relação com o senso mais profundo de identidade:

1. Autoconhecimento – Como ser quem você é.

2. Explorando o apego – Como criar relacionamentos significativos.

3. Diálogo interno – Como ser mais gentil com você.
4. Reconhecendo os gatilhos – Como entender suas reações.
5. Autorregulação – Como tranquilizar a si mesmo.
6. Limites – Como praticar autocuidados genuínos.
7. Reparentalidade – Como se curar.
8. Olhar para o outro – Como ser um bom amigo.

Antes de se aventurar pelos capítulos e fazer sua jornada interior, vale a pena refletir sobre duas perguntas-chave:

* Como me sinto em relação a mim mesmo?
* Como gostaria de me sentir em relação a mim mesmo?

Use o tempo que for necessário. Essa reflexão lhe dará uma ideia do que gostaria de receber lendo as páginas que se seguem.

A NECESSIDADE DESSA JORNADA DE AUTOCONHECIMENTO

Este livro oferece alguns bons motivos para você embarcar na jornada de autoconhecimento:

* Quase todas as pessoas podem obter vantagens ao desenvolver uma relação mais calma e consciencIosa consigo mesmas.
* Amar a si mesmo às vezes é difícil. Seria ingênuo prometer que este livro colocará você em uma contínua história de amor consigo próprio. Como acontece com todos os relacionamentos, relacionar-se consigo mesmo é algo que está em constante fluxo. Todas as pessoas – todas as pessoas, mesmo – têm dias difíceis, quando se sentem impostoras, passam muito tempo nas mídias sociais e acabam se sentindo com vergonha do próprio corpo, ou ainda quando simplesmente não têm vontade de encarar o mundo. O autoconhecimento traz a noção de neutralidade. Não entramos nas profundezas da autorreflexão nem lutamos continuamente pela transcendência. Na neutralidade está a aceitação. E ainda que, a princípio, isso não pareça algo desejável, espero que, após fazer os exercícios apresentados nas páginas a seguir, você

perceba que não é mais tão exigente consigo, afastando-se daquele carrasco tirânico, excessivamente crítico (detalhes sobre esse tema no Capítulo 3), e não aceitando nada menos que o completo amor-próprio.

* Se você deliberadamente evita relacionar-se consigo próprio, talvez esteja repetindo padrões que aprendeu ou herdou em nível subconsciente. Em algum estágio de sua vida, esses padrões podem ter sido necessários e/ou úteis, mas, com o tempo e o uso excessivo, eles passaram a atrapalhar em vez de ajudar.
* A maneira como você se relaciona consigo mesmo costuma refletir o modo como lida com os relacionamentos com as outras pessoas. Quando uma pessoa se sente bem consigo mesma, complementa todos os outros relacionamentos na vida. Por isso, cultivar a autopercepção é, na verdade, um ato altruísta.
* Quando você começa a questionar suas próprias crenças, torna-se mais consciente dos momentos em que as crenças limitantes "roubam a cena".
* Prestar atenção a como você se relaciona consigo mesmo não impede que os sentimentos venham à tona. Trata-se apenas de um ato que lhe permite dar intenção ao modo como você *gostaria* de reagir aos sentimentos, em vez de se perder em reações fortes, movidas pela ansiedade ou pela raiva.
* Cultivar um bom relacionamento consigo mesmo permite que você experimente a riqueza e a realização que outros relacionamentos podem trazer à sua vida. Sua noção de valor começa a se desenvolver, e, por causa disso, sua sensação de segurança é maior. Quando conhecemos nosso valor, sabemos que somos dignos do tipo certo de amor.

Você pode mergulhar nestas páginas de vez em quando, ou usar os lembretes diários para desenvolver o discernimento pessoal. De qualquer forma, espero que o livro lhe traga um sentido cada vez maior de conexão, segurança e, por fim, empoderamento. Interno e externo...

1.

Autoconhecimento

COMO SER QUEM VOCÊ É

"Conhecer a si mesmo é o princípio de toda a sabedoria." - *Aristóteles*

"Seja você mesmo" é uma frase que ouvimos com frequência de pessoas bem-intencionadas que gostam de nós, antes de um encontro amoroso ou de uma entrevista de emprego. Mas é uma expressão que eu questiono, pois "ser você mesmo" pode ser uma tarefa difícil se você não tem certeza de quem é essa pessoa.

Levei algum tempo até entender que "ser quem você é" não significa metamorfosear minha personalidade para se adequar à pessoa que está comigo. Não me entenda mal: pode ser útil afirmar em uma entrevista que entendemos os detalhes do Excel ou do Adobe, se soubermos que isso é necessário; porém, nosso senso mais profundo de identidade estará em risco se estivermos dispostos a alterar nossos valores e comportamentos básicos dependendo da empresa em que estamos.

"Ser quem somos" não é algo que podemos "ligar" de repente. Não acordamos um dia e decidimos "hummm... acho que vou começar hoje a ser quem sou, de maneira plena e autêntica", como um casaco no fundo do guarda-roupa, esperando pelo clima apropriado. Ao contrário, trata-se de um processo contínuo, baseado em muitas escolhas que fazemos todos os dias. Portanto, tente não se preocupar caso ainda tenha dúvidas.

Em minha experiência como terapeuta, quase todos os dias atendo a alguém com essa preocupação. Por isso, saiba que você não é a única pessoa "que não consegue", enquanto todos os outros conseguem.

O QUE É O *SELF*?

Antes de discutirmos o autoconhecimento, vamos pensar no que entendemos por "*self*". As bases de nosso sentido de *self* se formam no início da vida,

QUEM É VOCÊ,
POR BAIXO
DE TUDO
O QUE
APRENDEU QUE
DEVERIA SER?

moldadas e influenciadas por uma miríade de experiências, entre as quais podemos citar:

* As primeiras interações com nossos cuidadores.
* Até que ponto esses relacionamentos foram afetuosos e reconfortantes.
* O nível de autoconsciência dos nossos cuidadores.
* As expectativas e os desejos das pessoas à nossa volta.
* O ambiente em que crescemos.
* A estabilidade emocional do grupo familiar em que fomos criados.
* O tipo de educação que recebemos na escola.
* As interações com nossos iguais.
* A valorização social de certas identidades frente a outras, como empresário, atleta, modelo etc.

A partir do progresso e desenvolvimento de nosso senso mais profundo de identidade e de um enfoque cada vez maior em ser uma versão mais produtiva (ou seja, "bem-sucedida") de nós mesmos, emerge uma noção de uma identidade *ideal*: uma pessoa tão autoconsciente que vence qualquer ansiedade, não é influenciada, acorda às cinco horas da manhã para meditar e é, de um modo geral, incrivelmente sábia.

Mas essa noção de uma identidade "perfeita", estática, é mítica. Trata-se de um *self* fantasioso, que é fixo, previsível e consistente.

Não sei sua opinião, mas para mim isso soa um tanto entediante, robótico... E certamente irreal! Entretanto, muita gente luta para alcançar esse *self* mítico, como se fosse a coisa mais importante a ser alcançada.

E quando analisamos os detalhes dessa noção, compreendemos porque esse pensamento faz sentido para nós. Afinal, como *saber* que partes de nós são ou poderiam ser nosso *self* verdadeiro? E que partes de nós são construtos que se formaram em resposta às nossas experiências de vida?

A identidade, ou o *Self*, não é uma coisa única: forma-se a partir de muitos elementos móveis. E, sim, podemos dizer que nosso *self* adolescente desengonçado é tanto "nós" quanto o *self* adulto.

Jamais conheceremos ou compreenderemos tudo sobre nós mesmos, embora seja fácil se sentir pressionado para alcançar essa meta quando vivemos em uma época obcecada por produtividade e otimização.

Assim, é recomendável analisar periodicamente suas expectativas de autoconhecimento. Será que elas precisam ser revistas para se tornarem mais realistas? Afinal de contas, você não veio ao mundo para caber nos padrões de uma caixinha perfeita, tenha sido ela criada por você ou por outra pessoa.

Talvez, no começo, você não aceite a ideia de que algumas partes suas sempre serão um mistério, e pode precisar de algum tempo para se adaptar ao entendimento de que é impossível conhecer todos os aspectos de quem você é.

Nesse sentido, vale a pena se lembrar de que todos temos uma quantidade de energia finita. E gastamos boa parte dessa energia quando batemos o pé, insistindo para que as coisas aconteçam de uma determinada maneira; uma energia que seria mais útil se fosse usada para explorar o mundo.

Para descobrir e desvendar quem somos, é importante abandonarmos a ideia da identidade como um destino fixo, como uma entidade concreta que tudo vê e tudo faz, sempre positiva.

Somos humanos, cheios de luz e sombra. Cometemos erros. Mais que isso: *precisamos* cometê-los.

O autoconhecimento se dá a partir de um constante fluxo e refluxo em direção a quem somos. Por isso, é importante dar a si próprio permissão para ir em busca desse entendimento.

Talvez seja difícil você "ser quem é" se:

* Quando criança, sua individualidade e autoexpressão não foram encorajadas.
* Você experimentou o abandono.
* Você sofreu *bullying* quando criança ou adolescente, ou mesmo depois de adulto.
* Você recebia críticas por expor sua face diferente ou magnífica, coisa que todos têm.
* Você não se encaixa no molde que a sociedade lhe impõe.

A ESCOLHA CONTÍNUA DE SER QUEM VOCÊ É

Nossa tarefa de aprender a ser quem somos é uma das mais difíceis na vida. É algo que ocupa o pensamento de muitas pessoas conforme crescem, confrontam e criam diferentes aspectos de si mesmas a cada dia. Por isso, é interessante ver o processo de descoberta contínua como uma bênção, em vez de uma maldição; um bálsamo, em vez de uma dor.

Todos os dias, temos inúmeras oportunidades de caminhar em direção ao nosso verdadeiro *self* ou seguir pelo caminho mais fácil.

Às vezes, a escolha é bastante clara, por exemplo, que música escutar, que séries maratonar na Netflix, o que ler ou o que comer. São decisões que não impõem riscos ao nosso sentido do *self*, principalmente quando as tomamos sozinhos.

No entanto, outras oportunidades apresentam desafios muito maiores em termos de sentimentos quanto ao que somos de verdade, e, por isso, são mais intimidadoras. Por exemplo, nossos parceiros podem ter opiniões diferentes, e podemos ficar em dúvida se é bom "aceitar sem discutir" ou abordar o assunto. Podemos discordar do comportamento de um pai ou de uma mãe, mas sentirmos que não nos cabe dar palpite. As expectativas que os outros têm de nós podem colidir com a visão que temos de nós mesmos, mas sentimos uma pressão para corresponder a elas...

Precisei de vários anos de trabalho interior para obter essa perspectiva do meu sentido de *self*, mas, quando consegui, me senti livre. Quando você considera seu sentido de *self* um destino fixo, ou uma lista de passos conquistados, pode facilmente cair na armadilha de criar rótulos para si próprio, tais como "chato", ou "com a vida empatada". Se pensar na identidade, ou seja, no *self*, como algo em constante movimento, por outro lado – uma espécie de transformação diária – você se abre para a possibilidade de dar espaço para o divertimento, a curiosidade e a compaixão.

No fim das contas, é sempre mais perigoso tentarmos ser algo que *não* somos em nossas relações diárias do que quando somos nós mesmos. Embora, na superfície, cada pequena decisão pareça sem importância, o efeito cumulativo final é o da perda de identidade.

O QUE É A PERDA DE SI-MESMO?

A perda de si-mesmo é a sensação de que não sabemos quem somos, um sentimento de desconexão de nós mesmos. Pode ser uma desconexão duradoura, experimentada por toda a vida, ou algo mais súbito.

Sinais da perda de si-mesmo:

* Sentir-se insatisfeito com sua vida como ela é.
* Ter comportamento impulsivo e buscar gratificação imediata.
* Sentir dificuldade para tomar decisões a respeito de temas que até então eram fáceis de abordar e, mais tarde, questionar a decisão tomada.
* Tornar-se mais crítico a respeito de si e dos outros.
* Atrair relacionamentos de codependência (em que um dos parceiros depende do outro, que, por sua vez, precisa sentir que é necessário).
* Sentir dificuldade para estabelecer relações mais profundas com as pessoas.

Quando sofremos a perda de si-mesmo, às vezes pensamos coisas como:

Não sei quem eu sou. Não sei do que gosto. Não sei o que quero fazer. Não sei quem quero ser. Não sei o que significa minha vida nem o que espero dela. Sinto-me em pânico, desmotivado, preocupado, com medo, indeciso e até amortecido. Sinto que estou caindo. Sinto que todos estão bem, menos eu. Sinto que fico para trás.

Isso pode ser assustador; portanto, é importante lidar com os sentimentos de perda de si-mesmo assim que eles surgirem.

GATILHOS DA PERDA DE SI-MESMO

A perda de si-mesmo pode ser causada por inúmeros fatores, sendo estes os mais comuns:

* Relacionamentos
* Unidades familiares
* Luto

* Traumas

* Mudanças nos papéis

Relacionamentos

Às vezes ficamos tão enrolados em um relacionamento que, sem percebermos, perdemos toda a percepção de quem éramos antes de começar a relação com aquela pessoa. Em casos assim, tendemos a priorizar as necessidades do parceiro acima das nossas. E, às vezes, o relacionamento pode se tornar controlador ou abusivo, forçando a pessoa a se afastar dos amigos e de suas atividades para manter a paz.

Há ocasiões em que, de acordo com os padrões da sociedade, uma relação amorosa pode nem mesmo ser vista como uma relação de fato porque, por exemplo, não poderia ser marcada como "um relacionamento sério" no Facebook, ou porque durou apenas um curto período; mesmo assim, seu fim gera frustração. Por outro lado, um relacionamento pode durar anos, mas não nos sentimos tão mal quando acaba porque, afinal de contas, guardamos ainda parte de nosso sentido de *self*. A verdade é que o tempo não é uma forma de quantificar o efeito que certas conexões exercem em nossa vida. Os relacionamentos representam mais para nós que a soma de suas partes. Isso fica muito claro quando não conseguimos entender porque nosso coração ficou partido depois de uma separação, principalmente se o relacionamento durou pouco tempo ou se a iniciativa do rompimento partiu de nós.

Relacionamentos representam segurança, vivacidade, um esboço de um possível futuro. Assim, quando iniciamos uma relação, começamos a pensar como seria se deixássemos a pessoa entrar de vez em nossa vida. Quando uma relação chega ao fim, portanto, sofremos mais do que pela perda daquela pessoa específica. Sofremos pela perda de tudo o que aquele relacionamento representava para nós e tudo o que acreditávamos que poderia ter sido. Por isso, nesses momentos, seja gentil consigo mesmo.

A unidade familiar

Todas as crianças precisam do que se chama na psicoterapia uma "base segura", para se tornarem adultos com um sentido equilibrado de seu *self*.

A RAZÃO DO SOFRIMENTO
DECORRENTE DO FIM DE
UM RELACIONAMENTO
VAI ALÉM DA PERDA
DE UMA PESSOA.

SOFREMOS PELA PERDA
DE TUDO O QUE A PESSOA
REPRESENTAVA PARA NÓS,
ALÉM DO QUE ACREDITAMOS
QUE PODERIA TER
ACONTECIDO SE
O RELACIONAMENTO
CONTINUASSE.

Quando nossos cuidadores nos fornecem essa base, podemos explorar o ambiente maior, sabendo que não só estaremos seguros, mas que, ao retornarmos de nossas expedições, também seremos recebidos com presença, sensibilidade, conforto e amor.

Infelizmente, porém, há casos em que os pais nunca estão presentes, seja por motivo deliberado ou não. Alguns fazem o melhor possível, mas às vezes eles têm de lidar com os próprios problemas emocionais. Outros são ausentes, no sentido físico ou emocional, ou ambos. E o mais triste é que outros ainda são simplesmente cruéis ou imprevisíveis. Como o sentido do *self* se forma na mais tenra infância, qualquer um desses exemplos de uma "base insegura" pode nos legar um *self* fragilizado.

Interações negativas desde cedo acabam se tornando lições que internalizamos. Se, por exemplo, o choro de uma criança é recebido com agressão verbal ou física, ela pode achar que seus apelos por ajuda geram dor. Por conseguinte, passa a negar as partes emocionais de si, pois estas provocam a agressão de outra pessoa. A rejeição de certas partes do *self* na infância, nesse contexto, provavelmente deixará a criança propensa a se desconectar e perder a identidade na vida adulta.

Portanto, um padrão criado na infância nos acompanha até a idade adulta. É frequente que um trauma infantil se estenda pela vida toda, mesmo que não haja lembrança dele.

Luto

A morte de uma pessoa querida pode abalar até o *self* mais seguro. O luto balança as estruturas essenciais e nos deixa completamente à deriva. E embora essa sensação de perda seja algo esperado no caso do passamento de pessoas do nosso círculo íntimo, um sentimento parecido também pode se manifestar com a morte de alguém que não conhecíamos pessoalmente. Além disso, a morte de um animal de estimação, uma questão para a qual a sociedade tem o hábito de não dar muita importância, pode ser uma das perdas mais profundas em nossa vida. Passamos tanto tempo evitando o assunto "morte" e sua inevitabilidade, não apenas em nível individual, mas geral, que, quando algum conhecido morre, nosso hábito de evitar a realidade da morte é interrompido de maneira brutal.

A morte de alguém pode desencadear questionamentos sobre nossas escolhas e prioridades. O que antes parecia tão importante de repente se mostra frívolo, causando uma inevitável desconexão de nosso sentido de *self*. Também podemos nos sentir frustrados pelos caprichos inconsequentes das pessoas que nos cercam, que passam a soar banais e incômodos. Mas lembre-se de que esse incômodo vai se reduzindo com o tempo.

Ainda que seja difícil perceber isso no momento da perda, podemos nos fortalecer com o ocorrido se posteriormente reexaminarmos nossas prioridades e aproveitarmos a chance de reprogramar nosso *self*. Mitch Albom definiu isso com belas palavras na obra *Tuesdays with Morrie* (Terças com Morrie): "A morte encerra uma vida, não um relacionamento". Isso se aplica não só ao relacionamento com a pessoa que partiu, mas também ao que temos com *nós mesmos*. Ninguém se foi ou se perdeu; apenas se oculta por baixo do luto, enquanto lidamos com o sofrimento da melhor maneira possível.

Traumas

O trauma é uma reação a qualquer evento ou experiência que abala nossa capacidade de processar e lidar com a situação. Ele provoca impacto no nosso modo de pensar, sentir, perceber e processar, afetando-nos física, emocional, social e até espiritualmente, fazendo-nos sofrer uma espécie de perda de identidade.

Algo que seja altamente estressante e traumático para uma pessoa pode não ter o mesmo efeito em outra. Por exemplo, a perda de um animalzinho de estimação ou a saída de casa de um irmão causa reações muito diferentes em diferentes pessoas. Por isso, compreender o efeito de um dado evento em alguém é muito mais significativo para determinar o trauma do que os detalhes do evento em si.

A validação de nossa experiência de trauma é parte integrante de nossa capacidade de nos reconectarmos com nós mesmos, mas às vezes isso é incrivelmente difícil. É comum termos pensamentos depreciativos, como "Eu não deveria estar tão mal", "Eu já deveria ter superado isso", "Outras pessoas passaram por coisas piores" ou "Outras pessoas passaram pelo mesmo problema e hoje estão bem". Observe o elemento de comparação presente em muitos desses pensamentos autodepreciativos.

É importante nos lembrarmos de que cada pessoa experimenta o trauma de uma maneira diferente, e se cura também de uma maneira diversa dos outros; e nossas reações não indicam força ou fraqueza.

Nosso modo de processar o trauma depende de muitos fatores, tais como estrutura biológica, natureza do evento e acesso a amparo. A reação ao trauma é o que nosso cérebro e nosso coração fazem para nos manter seguros; portanto, se você se sente desconectado de si mesmo em decorrência de um trauma, saiba que isso é uma reação racional. Da próxima vez que essas ideias autodepreciativas o dominarem, lembre-se de que seu processo é exclusivamente seu e não pode ser comparado com o de nenhuma outra pessoa. Até mesmo as feridas invisíveis precisam ser cuidadas.

Mudança de papéis

Consciente ou inconscientemente, desde a mais tenra idade, recebemos muitos tipos de mensagens sobre o que é "legal" e o que não é, o que é "bom" e o que não é. Examinaremos melhor os papéis dos personagens na família mais adiante, mas, por ora, voltaremos aos anos escolares, quando éramos inundados de informações sobre as interações sociais.

Você pode estudar para o exame, mas não é uma boa ideia deixar os outros saberem que estudou.

Usar clipes coloridos é o máximo em estilo, então compre-os logo.

Não é certo gostar daquela menina!

Seja quem você é! Mas... não assim!

O que é aceitável fazer aqui? Que tipo de atitude pode causar minha expulsão desse grupo? O pertencimento dá segurança; por isso, quando crianças, aprendemos desde muito cedo que interesses e tendências podem se tornar uma barreira à nossa inclusão. E à medida que filtramos essas informações, aprendemos quais papéis devemos desempenhar para que obtenhamos vantagens. Esses personagens nem sempre são muito diferentes do nosso *self* verdadeiro; às vezes, são levemente diferentes ou constituem versões silenciosas dele, nas quais nossas excentricidades são mantidas sob controle, por exemplo.

Às vezes, a perda de um dos *personagens* que interpretamos pode nos fazer sentir desconectados de quem somos. Quando fui diagnosticada com inflamação do intestino, por exemplo, senti que perdera a autonomia de meu personagem de "a criança teatral", que se sentia à vontade no palco. Tornei-me "a criança com a doença de Crohn", "a criança doente". De modo semelhante, o fim de um relacionamento longo pode nos tornar inseguros de quem somos fora do papel que vínhamos desempenhando. Se terminamos a faculdade ou saímos de um emprego, talvez nos sintamos perdidos sem a estrutura do mundo acadêmico ou o ambiente do escritório. Alguns pais se sentem culpados diante do recém-nascido por sentirem falta de alguns aspectos de seu *self* pré-parental. E outros ficam à deriva quando os filhos saem de casa. Uma perda é sempre uma perda, e todas elas podem ser sentidas profundamente.

PAUSA DE CINCO MINUTOS: EU & EU MESMO

Comece a explorar suas experiências de perda de si-mesmo vividas até hoje respondendo a estas perguntas:

* Que formas de meu "*self*" eu precisei assumir para crescer?
* Quem eu precisei ser para ser aceito por meus amigos?
* Quem eu precisei ser para receber amor em meus relacionamentos?

Agora mude o tempo verbal das perguntas para o presente, coloque-as em um contexto atual e observe quais são suas respostas hoje.

Como evitamos lidar com a perda de si-mesmo:

* Mudando drasticamente quem somos a depender de quem está conosco.
* Imitando os outros.
* Correspondendo às expectativas dos outros.
* Desenvolvendo apegos tóxicos em nossos relacionamentos.
* Não formando ou expressando opiniões.
* Automaticamente aceitando as opiniões dos outros como "certas".

* Dizendo "sim" quando queremos dizer "não".
* Entorpecendo-nos com abuso de substâncias, excesso de trabalho, de exercícios físicos etc.

NEGAÇÃO DA PERDA DE SI-MESMO

Por muitos anos, tentei negar o sentimento de perda dentro de mim. Não tinha consciência disso o tempo todo, mas fazia de tudo para não encará-lo. Não conseguia ver que, ao evitar esse confronto, eu simplesmente adiava o momento de lidar com esse sentimento. Há na vida algumas dores necessárias, das quais não podemos fugir; mas eu estava disposta a tentar, porque confrontá-las exigiria um esforço para aceitar a pessoa que eu era de fato. Não queria isso porque, no fundo, eu detestava quem eu era.

Segui negando até que isso não foi mais possível. Cheguei àquela situação-limite sobre a qual ouvimos as pessoas falarem, mas que nunca achamos que vai acontecer conosco. A enormidade de minha tristeza e ansiedade me sufocava. Não conseguia dormir. Comecei a ter ataques de ansiedade. E a doença de Crohn, geralmente adormecida, manifestava-se com força total. Quando não queremos ouvir, cedo ou tarde o corpo grita.

Focar o medo parece arriscado, como se a atenção que damos a esse medo pudesse ampliá-lo, deixá-lo pior. É típico do ser humano querer se distanciar das emoções e sensações desagradáveis. Por que alguém escolheria, por livre e espontânea vontade, vivenciar o desconforto? Mas como dizia Carl Jung: "Aquilo a que você resiste não apenas persiste, mas aumenta". E foi essencialmente por esse motivo que fui fazer terapia aos 23 anos de idade e acabei enfrentando meus sentimentos, em vez de fugir deles.

Talvez seja o seu caso, talvez não. Não creio que precisemos chegar ao fundo do poço para lidar com a sensação de perda de identidade, mas sei que a percepção sempre vem acompanhada de desconforto. Entretanto, nem todo desconforto precisa ser negativo. Às vezes, ele é um sinal de mudança, uma forma de lidar com a dor.

Vale lembrar que:

* Negar o sentimento cria a ilusão de calma, mas é, na melhor das hipóteses, um empréstimo temporário (e a taxa de juros pode ser exorbitante).

NEGAR O SENTIMENTO CRIA A ILUSÃO DE CALMA, MAS É, NA MELHOR DAS HIPÓTESES, UM EMPRÉSTIMO TEMPORÁRIO (E A TAXA DE JUROS PODE SER EXORBITANTE).

* Tentar manter o medo e o desconforto fora de nossa percepção é desgastante.
* Não podemos "nos livrar" de algo que nos prende se nunca examinarmos o que é.
* Gastar energia com a negação drena nossa vitalidade.
* A resistência geralmente cria mais desconforto que os pensamentos que rechaçamos.

DESCOBRIR E RECONECTAR-SE

O processo de descobrir e reconectar-se com o *self* não acontece ao clique de um botão nem é uma linha de chegada ao final de uma corrida. Não existem atalhos para o autoconhecimento; o ouro se encontra na própria jornada. A palavra em si já diz tudo. Autoconhecimento é uma autodescoberta, significa descobrir; é a curiosidade, o ato de desvendar e esclarecer. A boa notícia é que se você está lendo isto, já começou o processo. Portanto, siga adiante e permita-se mergulhar nas práticas com a franqueza e a presença que já está colocando em prática nesse momento.

A descoberta não é um meio para um fim.

Dê a si próprio um tempo para relaxar, simplesmente ser, e desfrutar o processo, quando puder.

PAUSA DE CINCO MINUTOS:
CONSCIENTIZE-SE DE SUAS ESCOLHAS

Vale a pena pensar no processo de autoconhecimento em termos de movimentos que fazemos todos os dias; então, responda a estas perguntas:

* Que escolhas e ações me aproximam mais de mim mesmo?
* E que escolhas e ações fazem o contrário?
* Estou seguindo em direção ao meu verdadeiro *self* ou estou me afastando dele?

NOMES APROPRIADOS

O processo de observar e dar o nome apropriado às emoções pode criar uma ponte que atravessa o abismo que existe entre o que pensamos e o que sentimos. Quando você der um nome, tente explicar o que sente. Por exemplo, em vez de "estou com raiva", diga "estou sentindo raiva". "Estou preocupado" pode virar "estou me sentindo preocupado". "Estou estressado" se torna "estou me sentindo estressado". E assim por diante. O passo entre "estou assim" para "estou me sentindo dessa maneira" lhe permite reconhecer que você não é exclusivamente aquela emoção, e lhe dá espaço para observar o sentimento, em vez de sê-lo ou de estar nele. Serve também como um sutil lembrete de que as emoções experimentadas são temporárias; um conforto quando você sente tudo, menos conforto.

Verificar e dar nomes ao que sentimos, seja no corpo ou na mente, pode parecer banal, mas muitas pessoas evitam essa prática por causa do desconforto que ela implica.

Eis uma dica que recebi de um mentor: Coloque um pequeno adesivo em algum lugar no seu quarto ou na parte de trás do celular. Sempre que olhar para ele, verifique o que está sentindo no corpo. Comece perguntando: O que sinto neste exato momento? Com o passar do tempo, você logo se acostumará com o adesivo e notará cada vez menos a presença dele, mas posso afirmar que, de vez em quando, muitos anos depois de colocar meu pontinho azul na minha estante, ele ainda cumpre o propósito.

PAUSA DE CINCO MINUTOS:
VERIFIQUE O QUE ESTÁ SENTINDO

Uma das ferramentas mais acessíveis e menos utilizadas que temos à nossa disposição é nossa habilidade para verificar e observar o que sentimos. Não precisa ser complicado. Podemos fazer isso agora mesmo:

* Como estou me sentindo? Será que estou cansado, com fome ou ansioso?
* Que sensações associo com esse sentimento que me fizeram perceber isso?

Anote suas respostas em um diário.

BRINCAR SEMPRE

Quando crianças, temos permissão de brincar. Exploramos o mundo. Encenamos. Brincamos com o que somos. "Será que eu gosto disso ou não?" E, sendo tia de seis pequeninos, posso afirmar que não há no inferno fúria igual à da criança que recebe a ordem de parar de brincar!

Mas, em algum momento da época em que nos tornamos jovens adultos, a sociedade espera que refreemos nosso impulso de brincar, deixando isso claro de modo brusco.

"Você não pode mais brincar! Deve saber que já é 'adulto' e qualquer tentativa de brincar, testar, encenar será considerada uma crise de juventude ou de meia-idade."

Brincar, então, se torna um sinal de "imaturidade". Um sinal de "fracasso". E, assim, perdemos a habilidade de brincar e explorar. Entretanto, isso deixa pouco espaço para movimento ou crescimento, e não nascemos para ser os mesmos por toda a vida. Assim como o corpo humano, o *self* também muda. Descartamos algumas partes, e outras ficam conosco para sempre, ao passo que só descobrimos outras ao envelhecer...

PAUSA DE CINCO MINUTOS:
BRINCANDO COM A VIDA

Pare um instante e responda a estas perguntas:

Há algo que eu sempre quis fazer, mas nunca tentei? Pode ser uma atividade como dança, teatro ou curso de finlandês para iniciantes!

Há como explorar isso? Um pouco, que seja? Permita-se tentar. Permita-se errar. Comece a brincar com a vida de novo.

RECONHECER OPORTUNIDADES

Todos os dias fazemos escolhas que nos aproximam ou nos afastam de nós mesmos. Parte do processo de autoconhecimento é nos permitirmos ser mais curiosos (sem censura!) quanto a essas escolhas diárias.

Bate-papos sociais eram algo particularmente insuportável para mim. Não por causa dos assuntos previsíveis das conversas, mas porque eu me sentia mal depois delas. Meu *self* verdadeiro não se manifestava nesses bate-papos forçados. Eu dizia coisas nas quais não acreditava, mas sentia que aquilo era "o que as pessoas dizem". Acabava participando de fofocas porque queria romper o silêncio. Posteriormente, eu me censurava pelo modo como me comportara. A verdade é que extravasava um medo de rejeição e um estado de ansiedade: e se as pessoas não gostarem de mim? E se me acharem esquisita? Ocupava-me tanto em prever o que a outra pessoa queria ou admiraria que não tinha espaço para me mostrar na conversa como eu mesma. E, com isso, afastava-me cada vez mais de mim.

A mera conscientização desse hábito mudou meu jeito de participar de tais momentos. Minha percepção recém-desenvolvida ajudou-me ver a raiz das árvores, pois só quando enxergamos os sentimentos e comportamentos comuns torna-se possível questionar suas causas.

O *script* original de meu monólogo interior para "o bate-papo social" era algo como: "Ai, meu Deus, faça isso parar! As pessoas vão perceber como sou estúpida, como sou esquisita. O que eu disse não faz NENHUM sentido. Será que realmente concordei com aquilo? Concordei e fiz um trocadilho idiota??? Por que você é assim, Sarah? Simplesmente vá para casa. É sério: todos me odeiam".

Acho que deu para perceber por que eu costumava sair dos eventos sociais em pânico. Hoje, porém, vejo que perdi oportunidades de me conectar com as pessoas em um nível autêntico. Eu vivia tão dominada pela preocupação de não saber interagir que perdia a chance de me conectar. Se estivermos cientes do potencial para conexão, qualquer situação de bate-papo, como uma refeição com a família, uma reunião de trabalho ou qualquer outro momento em que somos provocados e talvez nos afastemos de nosso autêntico *self*, pode ser um bom catalisador para mudanças.

UM *SCRIPT* RECONFORTANTE

Podemos usar o espaço oferecido por essa conscientização para nos tornarmos mais curiosos acerca do que acontece, apesar do impulso de recorrermos a padrões conhecidos que agradam ou tranquilizam outras pessoas.

Não há dúvida de que meu monólogo interno negativo não me ajudava em nada do ponto de vista social, mas, logo que comecei a ver o que acontecia de verdade, ele se transformou em uma arca do tesouro no caminho para meu autoconhecimento. Quando reconheci minha ânsia de agradar e minha subsequente autocrítica, anotei tudo isso. O fato de registrar no papel esse processo de pensamento me permitiu discerni-lo e reagir a ele, não da maneira usual, atacando a mim mesma verbalmente, mas com mais delicadeza e carinho.

Meu *script* sobre as conversas em eventos sociais passou a ser mais positivo e reconfortante: Ok, lá vamos nós. Nesses bate-papos sociais, sinto que concordo demais ou falo coisas sem pensar. Tudo bem. Entendo algumas das razões para isso. Tenho dúvidas, mas não preciso provar meu valor para ninguém. Mesmo que perceba, depois desse evento, que concordei sem concordar, tudo bem. Estou aprendendo. Um passo por vez. Assim, serei paciente comigo. Alguém me fez uma pergunta e sinto que deveria concordar com a opinião dessa pessoa... Mas o que penso realmente? Neste momento não sei, e é assim que responderei, expressando minha opinião depois. Respire. Vá devagar. Dê um tempo. Você está indo bem. Você está em segurança.

Não é fácil criar um *script* reconfortante como este para uma área desafiadora; porém, é sustentável. Se você se dedicar a isso, deixará de lado o cinismo (sou irlandesa; portanto, acredite-me, sei como isso é difícil) e contará com uma âncora poderosa para momentos de ansiedade. Em essência, essa âncora será ao mesmo tempo uma fonte de apoio e de segurança, orientando-o no caminho de volta ao seu verdadeiro *self*.

PAUSA DE CINCO MINUTOS: MODIFIQUE SEU *SCRIPT*

Pegue caneta e papel ou abra o bloco de notas do celular (deixe de lado as "notificações" por ora) e...

* Guiando-se pelo exemplo anterior, escreva seu "*script* original". Não precisa ser sobre situações de bate-papos sociais, como no meu caso. Pode ser qualquer coisa, como o que você fala de seu corpo, suas capacidades, seu trabalho e suas habilidades como pai ou mãe. Escolha o assunto mais apropriado para você.

* Anote algumas oportunidades de se conectar com os outros ou consigo próprio (dependendo do assunto escolhido) que aparecem no decorrer do dia ou da semana. Será que você ignorou algumas dessas oportunidades por causa de seu *script* original? (Podem ser momentos em que se olhava no espelho, sentava-se na varanda ou revisava algum trabalho no *laptop*. Podem ser momentos com amigos, membros da família, conhecidos, colegas de classe, ou até com pessoas que você encontra a caminho do trabalho, voltando para casa.)
* Você consegue identificar que preocupações e temores se escondem por baixo desses pensamentos? Após examiná-los com atenção, escreva uma versão alternativa e reconfortante do *script*, contrária ao original, baseado em medo, e use essa nova versão para se ancorar nesses momentos desafiadores.

TEMPO PARA SI

Outro detalhe importante na jornada de autoconhecimento é simplesmente passar algum tempo sozinho, você com você. Não estou falando de atravessar o oceano e sair pelo mundo sem ninguém ao seu lado (embora, convenhamos, quem já não pensou em fazer isso?).

Passar um tempo sozinho pode parecer a última coisa que você deseja. E a ideia desse tempo para si talvez seja assustadora, associada com sentimentos de reclusão ou isolamento. Mas reclusão não é o mesmo que solidão.

Normalmente, nós nos preocupamos com o que nos aguarda na quietude do tempo que passarmos sozinhos. Com o advento do individualismo e da ênfase crescente em criar nossos impérios pessoais, a imobilidade é confundida com estagnação. Se ficarmos imóveis, não trabalharemos para a produção de algo "maior", algo "melhor", algo mais lucrativo. É claro que isso é um mito, mas as mensagens implícitas que recebemos da sociedade projetam grandes sombras.

Dar um tempo a si próprio é uma prática profundamente enaltecedora e uma ótima maneira de cultivar um sentido forte de quem você é, longe das costumeiras distrações da vida. Em um mundo em que trabalhamos demais, damos o máximo de nós mesmos, distraímo-nos com as mídias sociais, *podcasts* e outros estímulos externos e enchemos todos os bolsos de barulho, precisamos praticar a reclusão.

Todos nós possuímos a *capacidade* para sentar em silêncio e sozinhos; portanto, não se trata de inabilidade, preguiça ou falta de tempo. Entretanto, a maioria das pessoas teme que, ao reconhecer os próprios sentimentos, algo desconfortável venha à tona e seja impossível de controlar. Todos convivemos com emoções não processadas, preocupações e tristezas não assumidas. Talvez elas nem tenham origem em "coisas grandes"; pode ser um dos meros inconvenientes diários, como aqueles momentos de mal-entendido ou desconexão com as pessoas próximas. Portanto, se você dedicar um espaço para os acúmulos emocionais de seu dia, verá que isso minimiza a tempestade prolongada que geralmente acompanha a negação.

O tempo para si não precisa ser usado em meditação, embora a meditação seja uma prática maravilhosa. Você pode usar esse tempo para fazer o que quiser.

Ideias de como usar o tempo para si:

* Flexione seus músculos criativos desenhando ou escrevendo.
* Pratique a autorreflexão com os lembretes mentais deste capítulo.
* Faça uma caminhada (de preferência, sem fones de ouvido).
* Sinta a natureza; tire os sapatos e as meias e pise firme na grama ou na terra.
* Crie um ritual matutino: levantar, alongar-se, fazer um chá, escrever no diário, definir sua intenção para aquele dia e escolher uma afirmação da lista da página 94.
* Desligue-se um pouco da tecnologia, criando momentos no dia em que possa ficar sem qualquer aparelho eletrônico por perto.
* Comece com cinco minutos pela manhã; depois, vá expandindo esse período conforme for possível.

CONECTAR-SE COM OUTRAS PESSOAS

Apesar da importância de praticar a arte de reclusão, é igualmente importante evitar sentimentos de solidão. Há uma diferença grande entre as duas coisas.

Mais do que nunca, muitas pessoas neste mundo, onde todos estão sempre tão ocupados, sentem-se solitárias. Mesmo quando vivemos na região central de uma cidade, cercados de gente, podemos nos sentir mais solitários e mais isolados do que quando buscamos a reclusão. Muitos estudos têm mostrado os efeitos da solidão na saúde mental e física, com jovens adultos queixando-se desse sentimento mais que qualquer outro grupo etário. Os espaços sociais onde antes nos conectávamos estão se dissolvendo; e a tentativa de iniciar uma conversa pessoal com uma pessoa com quem pouco nos relacionamos é vista com suspeita e até reservas, principalmente em situações de deslocamento urbano.

O problema se agrava quando a sociedade começa a encobrir o isolamento individual com o manto do "autocuidado". Fique à distância. Anule-se. Isole-se. Claro que, em alguns momentos, essas medidas são absolutamente necessárias para nosso bem-estar; em outros, porém, a conexão é essencial.

Afinal de contas, é possível descobrir muito sobre nós mesmos quando estamos na companhia de outros. Se o leitor voltar ao tema do *script* original *versus* o reconfortante, verá que muitos de nossos padrões, nossas reações e nossa curiosidade emergem da simples presença das outras pessoas.

Às vezes é difícil forçar-se a sair. Parece cada vez menos "natural" sair para respirar e remover as teias de aranha. Mas o autoconhecimento não precisa ser somente uma aventura solitária. Na verdade, não pode ser. De vez em quando, temos de nos esforçar para criar conexões com os outros – e até com nós mesmos.

PAUSA DE CINCO MINUTOS:
UM MOMENTO PARA SI

Como estou me sentindo?

Sinto-me sozinho?

O que seria melhor para mim agora?

Quando foi a última vez que saí com alguém para tomar um café?

Ando muito ocupado com o trabalho ultimamente?

Conecte-se com a sua intuição. Embora talvez você tenha vontade de passar o dia debaixo do edredom, o que seu instinto lhe diz?

LISTA DE DICAS

MODOS DE SE CONECTAR CONSIGO MESMO:

AUTORREFLEXÃO

DIÁRIO

MEDITAÇÃO

OBSERVAÇÃO

EXPERIMENTAÇÃO

MÚSICA

TERAPIA

LEMBRETES MENTAIS

Reserve cinco minutos ao final de cada dia, durante um mês, refletindo a respeito do seguinte:

* Onde tive a oportunidade de me conectar comigo hoje?
* Como eu gostaria que fosse meu relacionamento comigo?
* O que me ajudaria a fazer isso amanhã?
* Quais são três coisas pelas quais me sinto grato hoje?

Depois desse mês, você terá à sua disposição uma arca do tesouro de informações sobre si próprio, incluindo passos concretos que o conduzirão na direção de quem você realmente é.

SEGUIR EM FRENTE

Espero que este capítulo tenha lhe proporcionado momentos de inspiração. Você não precisa se lembrar de tudo. Esses momentos estão em algum lugar da memória, destilando e processando, repousando e se realinhando. O ensaísta norte-americano Ralph Emerson, em seu livro *Self-Reliance* (*Autoconfiança*), escreve: "Em toda obra de genialidade, reconhecemos nossos próprios pensamentos rejeitados". Podemos estender a filosofia de Emerson para além da célebre genialidade. Quantas vezes você leu algo *on-line* e enviou para um amigo? Ou deparou com uma ideia em um livro e se apressou a anotá-la? Ou ouviu a letra de uma música que despedaçou seu coração? Nós nos descobrimos nas palavras que lemos e ouvimos todos os dias. Guarde isso no coração durante sua jornada e siga em frente.

LEMBRETES SUTIS PARA MOMENTOS DESAFIADORES

* Não há problema em se sentir inseguro. Você está desenvolvendo sua capacidade de lidar com o desconforto.
* Você dá o melhor de si nas situações. Isso é diferente para cada um, dependendo do dia e do momento.
* Você já passou por dificuldades antes. E, se está lendo isso, é porque já elevou seu nível de consciência. Respire fundo.
* Você iniciou o processo de autoconhecimento. Reconheça isso.
* Ninguém está sempre bem (por mais que se mostre assim nas mídias sociais). Todas as pessoas tentam descobrir quem são, dia após dia. Você não se perdeu de quem é. Já é uma pessoa completa, mas algumas partes suas precisam de cura.

2.

Explorando o Apego

COMO CRIAR RELACIONAMENTOS SIGNIFICATIVOS

"A qualidade de sua vida depende, no final de contas, da qualidade de seus relacionamentos." – *Esther Perel*

Você já se perguntou por que atrai determinado tipo de pessoa? Ou por que se aborrece tanto quando seu parceiro ou parceira não responde a uma mensagem? Ou por que as mesmas brigas sempre acontecem? Já notou que você quer muito ter um relacionamento... até o instante em que ele começa? Já pensou por que aquele amigo ou amiga logo dá o passo seguinte após o primeiro encontro, enquanto você leva dois anos para dizer "eu te amo"? Todos nós temos diversos tipos de relacionamentos com as pessoas em nossa vida.

EXPLORANDO ESTILOS DE APEGO

Se você faz terapia, provavelmente a noção de apego já foi abordada em algum momento do tratamento, e por um bom motivo. Essencialmente, apego é o modo como nos relacionamos com as pessoas, e o nosso "estilo de apego" é responsável por testar a segurança e a disponibilidade das pessoas em nossa vida. É nossa certidão relacional que resume o tipo de vínculo emocional, ou conexão, que costumamos ter com os outros.

Entender nosso estilo de apego é útil porque:

* Influencia o modo de sentir, pensar e se comportar em todos os relacionamentos.

* Dá intimidade ao nosso relacionamento e à nossa narrativa em torno dos relacionamentos românticos, familiares ou de amizade.
* Influencia nosso modo de lidar com conflitos e resoluções.
* Permite que observemos como nos sentíamos na infância.
* Mostra as formas como nos defendemos de conexões emocionais.
* Mostra-nos claramente as feridas relacionais que necessitam de atenção.

Os estilos de apego se formam na infância, em decorrência do relacionamento que um bebê tem com seu cuidador. O apego é essencial para o desenvolvimento relacional e emocional. Nascemos com um impulso inerente de formar um elo emocional com o cuidador, que nos proporciona tudo o que é essencial para nossa sobrevivência: comida, calor humano e segurança.

O estilo desse apoio se desenvolve através da alimentação, da diversão e, mais importante, do nível de responsividade dos pais às necessidades do bebê. Quando uma criança chora, qual é a reação dos pais, por exemplo? Carinho, frustração ou a voz alterada? A mãe ou o pai olha nos olhos da criança? Ou estão ausentes, distraídos com o celular?

O efeito cumulativo dessas interações determina o quão firme será o sentimento de segurança da criança. Quando um bebê consegue ver seu cuidador reagindo de maneira confiável, amável e rápida, ele aprende que pode confiar nas pessoas responsáveis por seus cuidados e sobrevivência. E é isso que constrói as bases de um apego seguro.

Os estilos de apego podem ser classificados em quatro grupos:

1. Ansioso
2. Evitativo
3. Desorganizado
4. Seguro

No entanto, assim como nosso sentido do *self*, esses estilos não são estáticos. Apesar de se formarem na infância, diversos fatores podem afetá-los no decorrer da vida.

Esses fatores incluem todos os tipos de experiências positivas e negativas da vida, abrangendo mas não se limitando às primeiras amizades, *bullying*, mudanças de casa, doenças, segurança ou insegurança financeira, morte ou separação de uma pessoa querida, experiências de cura em relacionamentos íntimos, conquistas pessoais, vícios, abusos, negligência, compromisso com autodisciplina e a relação com o terapeuta, se existir. Experiências negativas nos fazem sentir menos seguros, enquanto as positivas nos promovem a cura e nos fazem sentir mais seguros.

Nenhum estilo de apego é necessariamente "ruim". Tampouco é uma justificativa para qualquer espécie de comportamento negativo ou abusivo. Não leva a nada pensar coisas do tipo "não foi minha culpa, mas do meu estilo de apego".

Embora não exista um "estilo errado" de apego, o ideal é que busquemos formar vínculos seguros, que reduzem a quantidade de dor emocional e relacional que pode nos impedir de viver uma vida satisfatória.

É importante saber, contudo, que o estilo de apego desenvolvido na infância não é uma escolha, e sim apenas algo formado que mantém a pessoa segura. Assim, levando tudo isso em conta, vale a pena lidarmos com as informações a seguir com compaixão, curiosidade e disposição, tendo a cura como objetivo, à medida que exploramos qual é nosso estilo de apego.

PAUSA DE CINCO MINUTOS: AUTOANÁLISE

Antes de nos aprofundarmos nos diversos tipos de apego, observe como estão seus pensamentos neste instante. Talvez estejam acelerados, e você esteja querendo receber logo mais informações sobre o assunto. Talvez você já tenha tentado acertar qual seria seu estilo de apego. Pergunte a si mesmo:

* Que pressuposições estou fazendo?
* Consigo manter a mente aberta para prosseguir com a leitura?
* Será que estou aberto para me surpreender ou enxergar meus erros?
* Consigo separar o que eu gostaria que fosse do que é, de fato?

É importante manter-se aberto e curioso.

1. APEGO ANSIOSO

O foco do apego ansioso é um anseio por intimidade. As palavras "obsessivo" e "carente" costumam ser usadas para descrever pessoas com esse estilo de apego, mas a realidade é mais sutil.

No apego ansioso, podemos oscilar de um leve sentimento de solidão, que nos motiva a adaptar algumas partes do que somos a fim de "combinar" com algum relacionamento, até o envio compulsivo de mensagens de texto a um amigo que não responde.

As frases "Sinto-me um pouco perdido quando estou sozinho" ou "Preciso de garantias para me sentir seguro nos relacionamentos" podem descrever muito bem a experiência daqueles que têm o apego ansioso.

As pessoas com esse estilo de apego tendem a ser altamente perceptivas, o que é uma ótima habilidade. Isso permite que, ao entrar em um ambiente, o indivíduo capte o clima emocional das pessoas e que saiba instintivamente quando quem está por perto se sente triste e talvez precise de ajuda ou de empatia.

Essa habilidade para observar e sentir é poderosa. No entanto, também permite captar sutilezas do ambiente, usando-as para alimentar medos ou interpretações do que os outros pensam de você.

Um gatilho para uma pessoa com apego ansioso é a retração ou rejeição das outras pessoas, geralmente imaginada. Por exemplo, diante de uma pessoa calada, o indivíduo com esse estilo de apego pode interpretar que essa pessoa não gosta dele. Ou pode achar que ela se cansou de sua presença, ou ainda que ele fez algo "errado", o que explicaria essa retração.

Apegos representam um espectro de coisas, não uma coisa absoluta. Portanto, o nível de ansiedade de alguém pode divergir bastante de outra pessoa com o mesmo estilo de apego.

Além disso, o nível de ansiedade que sentimos nos nossos relacionamentos de amizade também pode divergir bastante do sentimento relacionado aos relacionamentos românticos. As reações de apego podem chegar ao pico de vozes alteradas ou não passar de um sentimento sutil de apreensão que dura o dia inteiro.

PESSOAS COM APEGO ANSIOSO...

SÃO SENSÍVEIS A QUAISQUER MUDANÇAS SUTIS NOS OUTROS.

SÃO SENSÍVEIS A SINAIS DE ABSTENÇÃO (REAIS E IMAGINADOS).

PODEM SENTIR NECESSIDADE DE PROXIMIDADE E CONTATO CONSTANTE.

CAPTAM A "FALSA ABSTENÇÃO" QUANDO O COMPANHEIRO SE DISTANCIA.

ÀS VEZES DESCONFIAM DAS AÇÕES DO COMPANHEIRO E TÊM CRISES DE CIÚMES.

Um estilo ansioso de apego pode se manifestar assim:

"Eu te amo mais do que você me ama."

"Quero ficar o tempo TODO com você."

"Fico ansioso quando estou sozinho."

"Você vai me abandonar."

"Você vai me trair."

"Fiz alguma coisa errada?"

"Você está zangado comigo? Está tudo bem?"

"Por que não responde às minhas mensagens?"

"Você não se importa comigo."

Você se reconhece em alguma dessas falas? Caso sim, que outras frases poderia acrescentar à lista?

Como o apego ansioso se forma

Há muitos fatores que podem influenciar o estilo de apego para além das experiências da infância. Contudo, a marca inicial de um estilo ansioso está ligada a uma infância vivida com um cuidador:

* Imprevisível em sua disponibilidade.
* Incoerente com elogios e/ou castigos.
* Sem sintonia com necessidades individuais.
* Que estimulava uma atitude de impotência.
* Que desencorajava a autonomia.

Na falta do encorajamento, a criança desenvolve insegurança. Quando nos tornamos adultos e nossas necessidades são ameaçadas e nosso sistema de apego é ativado, o resultado pode ser um comportamento em busca de segurança, às vezes também chamado de "comportamento de protesto".

Os comportamentos em busca de segurança são ações com a intenção de restaurar o sentimento perdido de segurança. Vale notar que nem sempre aquilo que *acreditamos* ser capaz de nos dar um sentimento de segurança está correto; às vezes, essa "segurança" é uma ilusão temporária, ou confundimos segurança com aquilo que é conhecido.

Para as pessoas com apego ansioso, a segurança se encontra na proximidade e na dependência. Embora os comportamentos em busca de segurança estejam presentes em todos os relacionamentos, a frequência e a intensidade desses comportamentos nos indivíduos com apego ansioso podem ser exagerados, principalmente se essas ações resultarem em reações negativas das outras pessoas.

A busca por segurança no apego ansioso

A busca por segurança nas pessoas com apego ansioso se manifesta nas tentativas de estabelecer proximidade e obter respostas das outras pessoas.

Embora alguns dos comportamentos possam parecer contraproducentes para alcançar proximidade, lembre-se de que uma reação negativa também é uma resposta, uma indicação de que a outra pessoa ainda está presente. Não foi embora, pelo menos não de uma vez. A esperança do ansioso é, ao fazer tentativas ininterruptas ou se retirando, provocar no outro o interesse em procurá-lo, cobrindo o abismo e lhe trazendo de volta a sensação de segurança.

Desse modo, embora a pessoa com apego ansioso dê a impressão de se distanciar ou "sair do prumo" por conta do que acontece, vive internamente um rodamoinho de turbulência emocional.

A busca por segurança de uma pessoa com apego ansioso pode envolver:

* Um bombardeio de mensagens e telefonemas, verificando constantemente se a outra pessoa está *on-line*.
* Uma atitude de ignorar, abster-se ou fingir grande interesse por outra coisa, como um livro ou mídias sociais.
* Fazer planos com outras pessoas para dar a impressão de estar sendo solicitada.
* Tentativas de causar ciúme por meio de insinuações, por exemplo, mencionar que alguém flertou com ela naquele dia, ou falar de um antigo parceiro ou parceira (é normal falar sobre relacionamentos e experiências sexuais com paqueras, isso faz parte de uma relação saudável; a prática só se torna

prejudicial ao relacionamento quando ocorre com o intuito de deixar a outra pessoa com ciúmes).

* Ameaça de ir embora se as coisas não melhorarem.

> **PAUSA DE CINCO MINUTOS:** EXAMINE SEUS COMPORTAMENTOS EM BUSCA DE SEGURANÇA
>
> Por um momento, pense em suas tentativas de busca de segurança, respondendo a estas perguntas:
>
> * O que reconheço como meu comportamento em busca de segurança em relacionamentos românticos, com a família ou com amigos?
> * Por conta disso, posso considerar que tenho apego ansioso? Ou me encaixo em uma das outras categorias de apego?

A cura para o apego ansioso: por onde começar

Para as pessoas com apego ansioso, a receita de um relacionamento saudável é cultivar segurança interior e independência.

No caso de relacionamentos românticos, esse trabalho é mais fácil quando a contraparte é uma pessoa com apego seguro, pois a coerência de um apego seguro nos ajuda a contar com a confiabilidade dos outros. Se uma pessoa ansiosa estiver com um indivíduo evitativo, terá uma dificuldade maior ainda na vida, pois esse tipo de companhia tende a confirmar as crenças negativas acerca de si própria. O silêncio do evitativo ativa o apego, reforçando teorias antigas dos ansiosos, tais como "sou cansativo", "sou obsessivo", e assim por diante. Se você estiver em um relacionamento com uma pessoa que também possui um apego ansioso, não desanime. O relacionamento não está condenado: simplesmente os dois precisarão se esforçar um pouco mais para comunicar suas necessidades de uma maneira saudável e criar um sentimento de segurança.

Contudo, desenvolver um sentido de segurança não cabe apenas nos relacionamentos românticos. Todo tipo de relacionamento tem o potencial de trazer a cura. Seja com outros ou sozinhos, todos podemos nos beneficiar por investir energia e tempo no desenvolvimento de uma gama de diversos tipos de relacionamentos, tais como velhas amizades, novas amizades, atividades em grupo ou qualquer outra coisa. Você merece se cercar de indivíduos que apoiem seu crescimento, em vez de condená-lo. Cultivar um sentido de autoconfiança também nos ajuda com isso. Veremos esse ponto mais detalhadamente no Capítulo 7, que aborda a reparentalidade.

Por mais difícil que seja reconhecer o estilo de apego que norteia a sua vida, a boa notícia é que você não está confinado a operar a partir de seu primeiro sistema de segurança. Não é preciso culpar nem se envergonhar do "você mais jovem", que não tinha escolha. Em vez disso, é bom começar a compreender. E, se ainda não compreende, simplesmente pratique a curiosidade. Foque o local para onde irá a partir daqui e o seu compromisso de continuar se educando.

Todas as nossas ações como adultos são nossa responsabilidade. Portanto, se quisermos desafiar quaisquer comportamentos problemáticos, tais como a tentativa de despertar ciúmes nos outros, ameaça de sair de um relacionamento ou qualquer outra coisa desse tipo, precisamos antes ter consciência de nossos comportamentos, descobrir quais preocupações ou aborrecimentos podem desencadeá-los e aprender a praticar as técnicas de autorregulação, que serão discutidas mais à frente (ver Capítulo 5).

2. APEGO EVITATIVO

À primeira vista, as pessoas com apego evitativo podem parecer misteriosas, reservadas, como um livro fechado. Podem ser vistas pelos outros como emocionalmente frias, insensíveis ou avessas a assumir compromissos, e, dependendo do ponto em que estiverem no espectro dos apegos, isso pode corresponder à verdade.

Os apegos evitativos priorizam a autoconfiança e a independência. Embora um sentido de ação e afirmação seja um aspecto saudável da identidade, o grau em que os evitativos contêm suas necessidades pode causar sofrimento para eles próprios e os outros.

Os comportamentos de apego evitativo envolvem:

* Manter os outros à distância, de maneira consciente ou não, por não confiar nas pessoas.

PESSOAS COM
APEGO EVITATIVO...

DÃO GRANDE IMPORTÂNCIA À AUTONOMIA E TEMEM PERDÊ-LA.

PODEM SE SENTIR SUFOCADAS PELAS NECESSIDADES EMOCIONAIS DOS OUTROS.

TÊM DIFICULDADE PARA DEMONSTRAR EMOÇÕES.

PODEM CONFUNDIR AS IMPERFEIÇÕES DOS OUTROS COM SINAIS DE PROBLEMAS NO RELACIONAMENTO.

GERALMENTE SE SENTEM INSEGURAS COM A INTIMIDADE E A PROXIMIDADE.

* Perder o contato, cancelar e cortar os vínculos com as outras pessoas quando acham conveniente.

* Trazer as dores do passado para os relacionamentos do presente.

* Satisfazer as *próprias* necessidades em um relacionamento, em vez de confiar nos outros para isso, pois os evitativos não querem correr o risco da decepção.

Evasão é um mecanismo de *defesa*. Mas os evitativos protegem-se da possibilidade de uma verdadeira conexão por conta de uma dificuldade para trilhar o caminho da intimidade emocional.

Afinal de contas, todos têm necessidades; portanto, quando o desejo de uma verdadeira conexão vem à tona, as pessoas com esse estilo de apego geralmente precisam se desconectar dessas partes vulneráveis de si mesmas. Quando não conseguem se desligar totalmente desse desejo, elas tendem a se autocriticar, e se torturam por sentir necessidade de conexão. Em decorrência disso, acabam criticando um parceiro que seja aberto e se sinta à vontade para comunicar justamente aquelas necessidades que elas, as pessoas evitativas, negam em si mesmas. É um círculo vicioso!

Um estilo de apego evitativo ativado pode ser representado por ideias assim:

* "Não preciso de ninguém."

* "Não gosto de pedir ajuda."

* "Não preciso de nada neste relacionamento."

* "Preciso de espaço."

* "Sinto-me encurralado."

* "Sinto que ninguém me conhece de fato."

* "Por que você é tão carente?"

Você se identifica com alguma dessas falas? Em caso afirmativo, o que poderia acrescentar à lista?

Como o apego evitativo se forma

Nossas experiências de vida influenciam o quão seguros ou inseguros seremos nos nossos relacionamentos. Por exemplo, experiências negativas como *bullying* e abuso emocional em fases posteriores da vida podem comprometer as fundações de uma base segura formada na infância.

Entretanto, o apego evitativo geralmente se origina em uma infância na qual o indivíduo teve de se desconectar de suas necessidades físicas ou sufocá-las quando surgiam, como, por exemplo, necessidade de conforto e afeição. Esse tipo de apego costuma se formar durante uma infância na qual o cuidador:

* Era imprevisível ou amedrontador.
* Era indiferente, e reprovava ou desencorajava a exibição de emoções.
* Não demonstrava afeição.
* Fazia a criança se sentir ignorada ou rejeitada.

Esse padrão se mantém, repetindo-se nos relacionamentos adultos.

A busca por segurança no apego evitativo

Os estilos de apego se alojam inconscientemente em segundo plano, mas certas situações específicas podem ativar de modo contundente o apego evitativo. Podem ser, por exemplo, circunstâncias relacionadas a uma atitude agressiva de alguém muito próximo, um comportamento controlador, seja ele real ou imaginário, uma necessidade de contato excessiva ou a carência demonstrada por outra pessoa.

Assim como acontece no caso do apego ansioso, a emergência do apego evitativo nos leva a apresentar certos comportamentos na tentativa de restabelecer a sensação de segurança interna. Mas, em contraste com os ansiosos, que se sentem seguros na proximidade e na dependência, os evitativos encontram segurança quando estão distantes da outra pessoa.

Os comportamentos em busca de segurança de um evitativo, também chamados de "estratégias de desativação", são, portanto, quaisquer ações ou pensamentos usados para criar distância entre si e o outro. Em essência, o propósito dessas estratégias é proteger e blindar o *self* contra uma possível dor emocional. Para o evitativo, que de certa forma sempre se sente sozinho, o contato constante representa um medo de perder autonomia ou de ser manipulado.

A busca por segurança no apego evitativo pode se manifestar das seguintes maneiras:

* Deixar de responder a uma pessoa, repetidamente.
* Priorizar o trabalho e os *hobbies*, em vez de passar tempo de qualidade com uma pessoa querida.
* Ser propositalmente vago em seus planos.
* Fechar-se diante de um conflito.
* Sonhar com as vantagens da "vida de solteiro" ou das qualidades de um ex-parceiro.
* Idealizar relacionamentos de outros casais, aquela ideia de que a grama é sempre mais verde no quintal do vizinho.
* Focar as falhas do companheiro, com o passar do tempo.
* Sentir que o parceiro certo simplesmente "me entenderia".

Todas essas coisas podem acontecer em qualquer relacionamento. Seria um erro pensar que uma relação segura tem níveis consistentes e estáticos de intimidade. Os relacionamentos mudam naturalmente com o tempo; às vezes nos afastamos e outras vezes percebemos que tivemos quatro relacionamentos diferentes com a mesma pessoa no decorrer da vida. O evitativo, porém, constrói muralhas e todos os outros tipos de defesa para lidar com sua crescente ansiedade e se blindar de possíveis mágoas. Em suma, os evitativos criam, sem saber, uma espécie de profecia autorrealizável, pois o fato de as pessoas ficarem frustradas com seu comportamento as faz rejeitá-las, o que lhes permite interpretar essa reação como evidência de que elas não são de confiança!

Entender como os comportamentos em busca de segurança podem acentuar o sofrimento que os evitativos tentam reprimir é uma parte vital da cura da cicatriz psíquica de nossas feridas relacionais.

A cura para o apego evitativo: por onde começar

O caminho da cura das feridas do apego evitativo requer autêntica curiosidade e sinceridade quanto às intenções por trás de nossos atos, mas é uma tarefa difícil.

Os evitativos costumam ser resistentes em examinar os fantasmas de relacionamentos passados. Entretanto, é crucial esmiuçá-los e questionar as histórias que atribuímos a certos relacionamentos. Tente notar os padrões que você evita examinar. Comece devagar e vá criando a partir daí.

Por exemplo, se um parceiro ou parceira reage de determinada maneira, que história você atribui ao que aconteceu? Pode ser "Ele (ou ela) tem uma expectativa muito alta sobre mim, preciso sair dessa", "Agora ele (ou ela) perderá o interesse em mim, então é melhor eu ir embora", ou "Essa relação não vai durar". Se você se conscientizar de suas histórias, compreenderá como suas experiências passadas ainda afetam sua vida hoje. Examine e questione suas narrativas e veja quais padrões vêm à tona.

PAUSA DE CINCO MINUTOS: EXAMINE SEUS COMPORTAMENTOS EM BUSCA DE SEGURANÇA

Pense em suas tentativas de busca de segurança respondendo a estas perguntas:

* O que reconheço como meu comportamento em busca de segurança em relacionamentos românticos, com a família ou com amigos?
* Por conta disso, posso considerar que tenho apego evitativo? Ou me encaixo em uma das outras categorias de apego?

Os evitativos costumam se abrir muito pouco. Portanto, para contrabalançar esse hábito, vale a pena você compartilhar ao menos parte do que sente ou expor algo pessoal às pessoas em que você confia.

Às vezes, a conexão exige um salto de fé. Expor-se é um ato que causa grande desconforto para os evitativos; se for o seu caso, então, em vez de julgar o "sucesso" de sua abertura com base na reação da outra pessoa, reconheça o risco que correu e como foi importante para você. Talvez não obtenha dos outros a reação que esperava, mas ao menos terá praticado a vulnerabilidade: um grande passo para mudar um antigo padrão.

Os evitativos geralmente precisam de espaço antes de sentir que são capazes de se envolver plenamente. Portanto, se você reconhece que é um evitativo, tente comunicar sua necessidade quando se vir nessa situação. Por exemplo, durante um conflito, isso se pode traduzir em falas como "Estou vendo que a coisa está esquentando. Podemos fazer uma pausa de quinze minutos e continuar a conversa mais tarde?". Em circunstâncias em que não há conflito, talvez você se esforce demais e se frustre ou se confunda cada vez mais quanto ao motivo de sentir-se assim. Nesse caso, de novo, apele para a curiosidade e a comunicação, seja com um amigo, um membro da família ou seu parceiro ou parceira. Não há problema nenhum em pedir ajuda para identificar suas necessidades, pois todos nós as temos.

3. APEGO DESORGANIZADO

O apego desorganizado, às vezes também chamado de apego temeroso-evitativo, é o estilo mais raro de todos, afetando aproximadamente 7% da população. Também é conhecido como apego venha cá/vá embora – e por um bom motivo, pois consiste em uma combinação dos apegos ansioso e evitativo.

As pessoas com esse estilo de apego desejam intimidade e conexão, mas, ao mesmo tempo, têm pavor das duas coisas. Por isso, à medida que um relacionamento de alguém com apego desorganizado se aprofunda, a pessoa tende a congelar, dissociar-se, fugir, ou as três coisas.

Pessoas com apego desorganizado costumam ter baixa autoestima, exibem um comportamento altamente errático e têm propensão a intensas tempestades emocionais e um sentido instável do *self*. Embora algumas pessoas consigam reconhecer aspectos pessoais nessas descrições, isso não significa que tenham um apego desorganizado. Essa informação é extremamente importante, porque muitas pessoas tendem a acreditar que têm esse estilo de apego.

Apesar de sempre haver um estilo de apego primário, também possuímos traços de outros estilos, dependendo da situação e da companhia. Desse modo, a despeito de possíveis características de apego ansioso ou evitativo, como você verá a seguir, um apego desorganizado tem ligação com algum trauma antigo, ou um tratamento volátil por parte dos principais cuidadores, ou ainda uma profunda falta do sentido de *self*.

PESSOAS COM APEGO DESORGANIZADO...

EXIBEM UMA COMBINAÇÃO DE TENDÊNCIAS ANSIOSAS E EVITATIVAS.

GERALMENTE TÊM UM SENTIDO INSTÁVEL E BAIXO DO *SELF*.

TÊM DIFICULDADE PARA REGULAR AS EMOÇÕES.

ALTERNAM ENTRE SENTIMENTOS DE CARÊNCIA E DE DISTANCIAMENTO.

DESEJAM PROFUNDAMENTE A INTIMIDADE, MAS ACHAM DIFÍCIL DEPENDER DOS OUTROS.

TENDEM A SE ENVOLVER EM RELACIONAMENTOS TEMPESTUOSOS, VOLÁTEIS.

Como o apego desorganizado se forma

O apego desorganizado tem raízes em uma infância na qual o cuidador:

* Era indiferente e não demonstrava emoção.
* Não satisfazia as necessidades das crianças sob seus cuidados.
* Tinha medo e/ou causava medo.
* Era propenso a raiva, negligência ou abuso.
* Sofria de algum trauma não processado, que afetava sua saúde mental.

Crianças sob os cuidados de alguém com estas características têm medo da pessoa, mas, ao mesmo tempo, dependem desesperadamente dela para o conforto e o bem-estar. E uma criança crescendo nesse ambiente acaba desenvolvendo uma combinação de carência e hipervigilância na idade adulta, quando ocorre ao mesmo tempo um desejo de intimidade e uma desconfiança extrema e medo dessa intimidade.

O ciclo do apego desorganizado

Observe o ciclo do apego desorganizado a seguir. Você já se viu preso dentro de algo assim em algum momento da vida? Seja você o iniciador ou o destinatário, esse ciclo destaca um dos modos como o apego desorganizado pode transparecer nos relacionamentos, causando confusão e dor a todos.

O apego desorganizado pode envolver:

* Um dia sentir que aquela pessoa é a melhor do mundo; no dia seguinte, sentir sufocação e claustrofobia com sua presença.
* O desejo de arriscar a intimidade, como a maioria das pessoas, mas um medo de se ferir a ponto de nunca mais conseguir se recuperar.
* A construção de muralhas ao sentir que o relacionamento está dando sinais de que pode de fato se tornar algo concreto.
* A criação de uma distância física e emocional, seguida do pânico quando essa distância se estabelece e a pessoa se dá conta de que não escapou da mágoa que tanto temia.

"PRECISO DE ESPAÇO!"
ALÍVIO! CONSIGO RESPIRAR DE NOVO
O QUE SERÁ QUE ELE/ELA ESTÁ FAZENDO AGORA?
TALVEZ EU TENHA COMETIDO UM ERRO
*TENTATIVAS DE ESTABELECER UMA CONEXÃO
2.NOVO RELACIONAMENTO, QUEM?
1. JUNTOS DE NOVO, AH, QUE BOM!
ISSO É UM POUCO INTENSO
AH, NÃO. SINTO-ME ENCURRALADO!
CICLO DO APEGO DESORGANIZADO

PAUSA DE CINCO MINUTOS:

EXAMINE SUA REAÇÃO AO AMOR

Responda a estas perguntas:

* O que acontece quando amo alguém?
* O que acontece quando alguém me ama?

Se você tem um relacionamento seguro e com intimidade, provavelmente a resposta é positiva, como "Quando amo alguém ou alguém me ama, sinto-me motivado, acolhido, contente". Se, porém, você tiver um apego desorganizado e um histórico negativo de intimidade geral, deve pensar algo mais nesta linha: "Quando amo alguém ou alguém me ama, perco-me/ele ou ela espera muito de mim/logo me magoo...".

A cura para o apego desorganizado: por onde começar

Navegar pelo estilo de apego desorganizado é imensamente difícil. O mais importante, para começar: se você não faz terapia, procure um psicoterapeuta ou terapeuta de trauma, principalmente se sofrer de dissociação (uma espécie de desligamento de seu corpo, seus pensamentos, tempo ou lugar).

A terapia pode nos proporcionar a cura, uma base firme e necessária para lidarmos com o trauma e as feridas relacionais, de uma maneira segura e orientada.

Se você tem um apego desorganizado e faz terapia, observe como o ciclo na figura anterior se manifesta com seu terapeuta. Você cancela ou "se esquece" das sessões? Sente-se dependente da terapia em determinado momento, mas reluta antes de ir para a sessão seguinte? Talvez faça o mesmo com seus amigos? Identifique seus padrões e crie uma conversa sobre eles com o terapeuta.

Se no seu caso não for possível fazer terapia, procure comunicação com outras fontes, como grupos de apoio ou amizades íntimas.

Quando uma criança está triste, magoada ou zangada, não devemos tentar convencê-la de que não está sentindo essas coisas. O mesmo se aplica ao modo como você lida com sua criança interior (o você mais jovem). Pare e olhe objetivamente para o que está acontecendo, reflita e ofereça consolo. Considere o que fez a criança insegura em você deixar de estar feliz e ficar ansiosa. Deixar de estar calma e ficar impulsiva. O discernimento não garante a mudança, mas cria a possibilidade para ela, se assim permitirmos. Use as informações da figura anterior para se orientar nesse caminho.

O processo de cura pode seguir uma rota desconfortável e, infelizmente, não dá para pegar uma carona até o destino; você precisa ir sozinho. Portanto, observe a tortuosa jornada interior que você provavelmente hesita fazer, se estiver nessa categoria de apego. É uma jornada que exige sinceridade, autocompaixão e paciência com todo o processo. E, quanto mais cedo você conseguir lidar com isso, em vez de evitar o desconforto iminente, maior será a disponibilidade de sua energia finita para investir na cura.

4. APEGO SEGURO

Se você cresceu em um ambiente no qual a maior parte de suas necessidades era suprida, sem precisar correr atrás de cuidados e atenção, provavelmente desenvolveu um apego seguro.

Indivíduos com um estilo de apoio seguro sentem que as pessoas são boas. Conseguem confiar e se conectar com os outros facilmente. E têm um bom nível de autoconhecimento.

Mesmo que você se identifique com um dos outros estilos de apego, é importante entender como é o apego seguro e como uma pessoa segura se sente. Afinal, como podemos identificar se nosso apego está sendo curado se não soubermos antes como é o apego seguro?

Eu gostaria de desmascarar alguns mitos. É muito fácil romantizarmos como "deveria" ser, em nossa opinião, um relacionamento "ideal". Podemos escolher algum casal (talvez duas pessoas com apegos seguros) e acreditar que sua vida sexual é intensa e acrobática, que a vida emocional dos dois é um sonho e que eles só usam um tom de voz mais elevado para se comunicar quando dizem um ao outro "eu te amo" quando um dos dois está tomando banho, para se sobrepor ao barulho do chuveiro, antes de seguirem para mais um dia desafiador e cheio de conquistas no escritório. Mas, racionalmente, sabemos que não é bem assim...

PESSOAS COM
APEGO SEGURO...

GOSTAM DE INTIMIDADE EMOCIONAL
E SENTEM-SE CONFORTÁVEIS QUANDO A
VIVENCIAM.

TÊM BOM DISCERNIMENTO AO LIDAR COM
TEMAS COMO CONFIANÇA E SINCERIDADE.

TÊM UMA FORTE PERCEPÇÃO DOS PRÓPRIOS
LIMITES E RESPEITAM OS LIMITES DOS
OUTROS.

TÊM CAPACIDADE DE ASSUMIR
RESPONSABILIDADE POR SEUS ERROS SEM SE
ENVERGONHAR.

SÃO PERCEPTIVAS ÀS EMOÇÕES
DOS OUTROS.

Ter um apego seguro não equivale a um "relacionamento de fantasia". As pessoas em relacionamentos de apego seguro, como todas as outras, às vezes brigam, precisam de tempo para si, magoam-se e sentem raiva e decepção. A distinção entre um apego seguro e os outros três estilos de apego abordados neste livro está no sentido individual de segurança interior. O seu nível de segurança transparecerá em seu nível de amor-próprio, sua reação emocional às situações, sua capacidade de focar o que está acontecendo no presente e sua habilidade para tranquilizar-se. Por esses motivos, é importante ser realista.

Indicadores do apego seguro

* **Presença**
  Uma pessoa com apego seguro não se preocupa demais com os "e se...?" com relação ao parceiro ou qualquer outra pessoa. Consegue estar presente sem sentir a necessidade de controlar todos os resultados.

* **Disponibilidade emocional**
  Uma pessoa com apego seguro costuma se afastar de indivíduos emocionalmente distantes ou voláteis. Possui um sentido correto de valor pessoal e de suas contribuições para um relacionamento. Não é atraída pelos altos e baixos dos relacionamentos, porque sabe que eles não são necessários para ela se sentir vista e amada.

* **Habilidade para administrar impulsos**
  Todas as relações envolvem elementos de ciúme, raiva, conflito e coisas semelhantes. Mas os indivíduos com apego seguro têm grande habilidade para refletir sobre o conflito e os sentimentos desconfortáveis, sem se tornarem distantes ou defensivos. As discussões, portanto, giram em torno de processar a frustração e compreender os obstáculos na comunicação, em vez se tornarem um meio para uma pessoa magoar a outra ou querer "estar certa".

* **Capacidade de perdoar**
  Se a pessoa se esquece de um encontro já marcado ou se combina duas coisas diferentes com dois amigos, se ela tiver um apego seguro geralmente é capaz de se desculpar com sinceridade, sem exagerar na análise de suas disponibilidades ou projetar raiva e culpa sobre os outros. Um indivíduo com apego seguro assume a responsabilidade, sem ter de passar a noite inteira se autocensurando.

* **Equilíbrio no conflito**
  Os apegos inseguros geralmente ficam mais óbvios em situações de conflito, obscurecendo a visão durante brigas e fazendo você esquecer as qualidades que ama no parceiro ou parceira. Pessoas com apego seguro, por outro lado, têm grande capacidade de reservar espaço simultâneo para as aparentes emoções contraditórias, podendo sentir, ao mesmo tempo, raiva e amor pela outra pessoa.

* **Coerência**
  Pode ser difícil determinar qual será a reação de alguém emocionalmente volátil nas situações cotidianas. O estado de espírito, as reações e o modo de tratar um parceiro podem variar muito, afetando a habilidade desse parceiro para confiar, gostar e se sentir seguro no relacionamento. O estado de espírito de uma pessoa com apego seguro também oscila, às vezes (nosso estilo de apego não nos deixa imunes à experiência humana). Entretanto, indivíduos com apego seguro manifestam seu amor de uma maneira mais coerente, por meio de confiabilidade e confiança. Assim como no caso das crianças em busca de segurança por parte do cuidador, não basta ouvirmos dizer que estamos seguros. Segurança é algo que precisa ser vivenciado.

PAUSA DE CINCO MINUTOS:
CONHEÇA SEU ESTILO DE APEGO

Agora que já abordamos os diversos estilos de apego, em qual categoria você acha que se enquadra? Se não tiver certeza, eis algumas perguntas que podem ajudar você a fazer essa reflexão:

* Como costumo reagir em situações de conflito?
* O que eu sinto a respeito da intimidade?
* Até que ponto me sinto à vontade para compartilhar meus sentimentos com uma pessoa próxima a mim?

Você pode acrescentar outras perguntas que lhe permitam ver um quadro mais completo de seu estilo de apego e de como você gostaria de trabalhar nessa questão.

Desenvolvendo um apego seguro

Ler sobre os apegos pode ser uma experiência difícil. Embora a prática traga grande discernimento, inevitavelmente também traz à tona outras verdades, talvez desconfortáveis. Acredite em mim: no fim, valerá a pena.

Lembre-se, como já vimos: você não está preso a um estilo de apego. Mesmo que se identifique como alguém ansioso ou evitativo, esse não precisa ser seu destino final.

A mudança de estilo requer esforço, reflexão profunda e responsabilidade, mas é algo perfeitamente possível. E, se você estiver ligado com o que lê aqui, os ventos já estão soprando a seu favor. O potencial de cura existe em todos nós; portanto, reconheça essa possibilidade que está em suas mãos agora. Você decide o que fazer com ela.

A cura do apego não é um passo que damos sozinhos. Por sua própria natureza, ela envolve um exame de nossas representações internas de relacionamentos e um esforço para estabelecermos conexões mais autênticas com os outros.

As histórias mais comuns sobre curas de apegos envolvem indivíduos que entraram em relacionamentos com parceiros com apego seguro e aprenderam a partir das demonstrações de apoio e confiança dadas pela outra pessoa. Mas a cura não precisa acontecer dessa maneira, nem ter origem necessariamente em um relacionamento romântico. Ela pode existir em *todos* os relacionamentos. O apoio atencioso de um terapeuta; sinceridade e conexão com amigos; comunicação com os pais de uma maneira nunca experimentada – todas essas formas de relacionamento podem trazer leveza a sentimentos intensos que surgem quando experimentamos estados internos incontroláveis.

A cura exige que estejamos dispostos a refletir sobre nós mesmos com franqueza – com curiosidade, sinceridade e, o mais crucial, bondade. É isso que realmente importa.

Por mais amoroso e presente que um indivíduo seja em qualquer relacionamento, haverá momentos em que ele não suprirá nossas necessidades, pois, assim como nós, ele também é humano. A falha ocasional na empatia é a realidade da vida, e a marca registrada de uma pessoa com apego seguro é a habilidade para confiar nas ondulações do relacionamento. Jamais encontraremos uma pessoa perfeita, que nunca falhe conosco, mas todos nós podemos desenvolver a posição interna da mãe ou do pai amoroso para com a nossa criança interior assustada e, com isso, seguir em frente (ver o Capítulo 7, que trata da reparentalidade).

É importante reconhecermos que a cura do apego do outro está além de nossa capacidade ou responsabilidade. Não podemos conduzir ninguém pelo caminho da cura. No entanto, *podemos* caminhar com a pessoa, mostrando-nos abertos e compreensivos, sem abrir mão do respeito por nós mesmos e dos nossos limites.

LEMBRETES MENTAIS

Reserve cinco minutos no final de cada dia, durante um mês, refletindo sobre o seguinte:

* Que gatilhos de apego e quais comportamentos em busca de segurança me ocorreram hoje (se é que me ocorreu algum)?
* Que emoções tive no momento? O que senti no corpo?
* Em que momento eu poderia ter expressado minhas necessidades relacionais com mais clareza hoje? Que palavras poderia ter dito?
* De agora em diante, que caminho posso seguir para desenvolver conexão em meus relacionamentos? E como seria essa conexão?

Ao final desse mês, você terá à sua disposição uma arca do tesouro de informações sobre como lida com seus relacionamentos, incluindo passos concretos para melhorar as coisas.

3.

Diálogo Interno

COMO SER MAIS GENTIL COM VOCÊ

"Nunca haverá alguém com quem você vá conversar mais do que consigo próprio, dentro da sua cabeça. Seja gentil com você mesmo." - *Anônimo*

Você já se autocensurou por algo que tenha feito? Será que vive se criticando por simplesmente ser quem é? Ou será que se diminui por não ser suficientemente inteligente, engraçado, esbelto, bem-sucedido, ou qualquer outra coisa? Você se compara com os outros? Ou presume que as pessoas não gostam de você? Se a resposta a essas perguntas for "sim", não se preocupe. Você não está sozinho!

Nas páginas a seguir, examinaremos modos de mudar isso, a começar pelas histórias que criamos dentro da nossa cabeça acerca de nós mesmos, o modo como falamos conosco todos os dias, montando armadilhas para nelas cairmos, e o caminho para a cura de nosso diálogo interno para nos sentirmos bem com aquilo que somos. Vamos lá, então...

NOSSAS HISTÓRIAS SOBRE NÓS MESMOS

Todos nós elaboramos e criamos internamente uma história a respeito de quem somos. O enredo dessa narrativa geralmente é intrincado e multifacetado. Inclui elementos fundamentais como nome, idade, formação, trabalho, e assim por diante. Também pode incluir diferentes papéis que desempenhamos na vida, os relacionamentos que cultivamos, as coisas de que gostamos ou que detestamos, esperanças para o futuro e muito mais.

LEMBRETE MENTAL

QUANDO NOS ENTRELAÇAMOS COM O ENREDO DE NOSSA HISTÓRIA, A NARRATIVA PASSA A EXERCER INFLUÊNCIA SOBRE NOSSO ESTADO DE ESPÍRITO E NOSSO COMPORTAMENTO.

Quando nos conectamos com nossa história ou autodescrição de maneira leve e interessada, ela pode nos ajudar a exprimir e explicar aspectos de quem somos e do que esperamos da vida.

Por outro lado, quando nos apegamos demais ao enredo dessa história, começamos a entrar nela e sentir que somos *apenas* essa história. Isso pode gerar uma gama de embaraços, pois confundimos nossos pensamentos com a própria essência do que realmente somos.

DIFERENTES TIPOS DE HISTÓRIA

Se a história dentro da nossa cabeça for crítica e autodepreciativa, quanto mais nos apegarmos a ela, maior será o risco de acreditarmos que *somos* o que os elementos negativos da história determinam: Eu *sou* minha história; portanto sou incapaz, feio, estúpido, fracassado etc.

Isso tende a afetar nosso comportamento, implicando, por exemplo, em falta de autoconfiança para trabalhar no que realmente queremos ou dificuldade para expressar o que temos a dizer; talvez nos afastemos de pessoas ou situações que envolvam o risco de nos tornar vulneráveis, e assim por diante.

Histórias sobre nós mesmos excessivamente positivas também podem criar problemas. Ao ler isso, pode ser que você pense: "Espere um pouco! Achei que você estava afirmando que eu deveria falar bem de mim mesmo sempre!". Sim, e espero que até o fim deste capítulo você identifique áreas de sua vida que possam melhorar a partir de uma mudança positiva na maneira como você fala de si. No entanto, se nos apegarmos demasiadamente a uma história muito positiva, corremos o risco de não deixar espaço para nada mais além dessa narrativa.

Consideremos, por exemplo, alguém que se apegue demais à ideia de que é autossuficiente. Claro que a autossuficiência é muito útil, pois promove a autoconfiança e a independência. Mas o que acontecerá quando essa pessoa precisar de ajuda ou apoio? Isso é inevitável, pois ninguém pode prescindir da ajuda de outras pessoas.

Se a história de alguém for baseada na ideia de que ela "é autossuficiente", não há espaço para a ajuda. Assim, em vez de ir em busca da ajuda necessária, talvez a pessoa se esforce de maneira excessiva, até chegar à exaustão. Em vez de procurar apoio, acumula tudo dentro de si e fica infeliz. A história positiva inicial de "sou autossuficiente" vira o peso de "eu *tenho* de ser autossuficiente".

Do mesmo modo, surgem problemas quando nossa história entra em conflito com as experiências cotidianas da vida. Por exemplo, quando alguém que costuma assumir o papel de "terapeuta" dos amigos começa a se fundir com essa história de si mesmo, passa a ficar esgotado e não tem mais a energia para ser o bom ouvinte com o qual as pessoas estão acostumadas a contar.

Essa situação pode culminar com o indivíduo pensando: "Eu sou um bom ouvinte e, portanto, não deveria me sentir assim. Preciso me esforçar mais para ajudar os outros". A partir daí, essa pessoa tenta interpretar essa história, provavelmente ficando ainda mais exausta e correndo o risco de acabar se ressentindo.

Deve ter ficado claro, a partir do que foi apresentado aqui, que, quando entrelaçamos nosso sentido de *self* com o enredo da história de nós mesmos, contada na cabeça, isso dá à narrativa muito poder de influência sobre nosso comportamento.

Por outro lado, ganhamos muito quando conseguimos dar mais atenção consciente às historietas positivas e negativas sobre *nós mesmos* já incorporadas na nossa cabeça, pois, com isso, seremos capazes de identificar e analisar as partes da história a que nos apegamos demais e que talvez estejam comprometendo nossa capacidade de viver a vida da maneira mais plena possível.

PAUSA DE CINCO MINUTOS:
VIVA SUA HISTÓRIA COM LEVEZA

Por alguns minutos, pense na principal história sobre si próprio que você guarda na cabeça. Depois, conforme for avançando neste capítulo, e pelo resto do seu dia, lembre-se dela de uma maneira leve, mas interessada. Será que você consegue se desapegar de alguns trechos dela?

NOSSA VOZ INTERIOR

A maioria das pessoas têm uma voz interior, ainda que algumas não tenham consciência do fato. Uma voz que está sempre fazendo comentários internos, todos os dias. Um constante "diálogo interno" ou monólogo.

Geralmente ela não usa sempre um tom extremamente calmo, mas mesmo assim está presente em quase todos nós.

Às vezes, essa voz pode dar apoio e ser afirmativa, acalmando nossas ansiedades e celebrando as conquistas. Mas, em outras ocasiões, o falatório é mais negativo, derrotista e até mesmo tirânico.

A voz interior é formada e influenciada por pensamentos conscientes ou inconscientes, crenças, ideias, lembranças e experiências, bem como pela evolução, que nos deu um cérebro capaz de detectar riscos (voltaremos a essa questão mais adiante).

PAUSA DE CINCO MINUTOS:
ESCUTE SUA VOZ INTERIOR

Pare para refletir por alguns minutos sobre como está sendo seu diálogo interno hoje. Com sorte, foi gentil e bondoso. Muitas pessoas, porém, não são tão boas com elas mesmas, julgando-se e se autocriticando mais do que fazem com os outros.

Pense como está sendo seu diálogo interno neste momento. Será que e é sobre os conhecimentos sobre si mesmo que você acabou de adquirir?

UMA INTRODUÇÃO ÀS ARMADILHAS DO PENSAMENTO

O cérebro humano processa até sessenta mil pensamentos por dia, e muitos deles podem ser duvidosos e desanimadores.

Não exija da sua mente que ela passe o dia todo dentro de uma bolha de positividade, pois os pensamentos negativos são perfeitamente naturais e, mais que isso, têm uma função (ou pelo menos tiveram).

Os homens e as mulheres das cavernas teriam sofrido sérios problemas se enxergassem o mundo através de lentes cor-de-rosa. Você e eu talvez não existíssemos para escrever e ler este livro se nossos ancestrais tivessem acreditado na bondade inerente de um tigre-dentes-de-sabre, por exemplo! Nosso cérebro é equipado para manter certo ceticismo e ficar de prontidão contra determinadas ameaças! E foi esse ceticismo que permitiu à nossa espécie sobreviver e prosperar.

O problema no mecanismo de sobrevivência é que o mundo que conhecemos hoje evoluiu em um ritmo muito mais rápido do que nossos cérebros conseguem acompanhar, o que implica que nossos instintos primordiais ainda estão presentes, embora as ameaças originais, tais como animais selvagens perigosos, não estejam.

Na tentativa de nos proteger, nossa mente pode, de forma irônica, nos enjaular, ampliando desnecessariamente a percepção dos riscos que nos cercam em todas as situações. Na psicologia, essas jaulas mentais são chamadas de "armadilhas do pensamento" ou "distorções cognitivas". Ou seja, erros habituais do pensamento.

A maioria das pessoas se vê em um *loop* de distorção cognitiva, de tempos em tempos. Esse fenômeno causa uma parcialidade negativa na interpretação de eventos, uma distorção da realidade que pode desencadear sentimentos de pessimismo e, em alguns casos, depressão.

Mas a boa notícia é que é perfeitamente possível tomar uma providência quando reconhecemos uma distorção cognitiva.

Os neurocientistas costumam afirmar que "neurônios que disparam juntos se conectam". Isso significa que quanto maior for a frequência de um padrão de pensamento no cérebro, mais forte e enraizado ele se tornará.

Entretanto, quando conseguimos detectar uma distorção no modo como as coisas "disparam" e "trabalham" em nosso cérebro, somos capazes de "retrabalhar" e estabelecer novos padrões – no caso do diálogo interno negativo, conseguimos falar com nós mesmos de uma forma mais gentil, mais afirmativa. Ou seja, com certa dedicação para mudar o diálogo interno, poderemos alterar também o modo como o cérebro "dispara".

Essa habilidade para mudança no cérebro é conhecida como neuroplasticidade. Assim como um arranhão na mão regenera um novo tecido, a elasticidade do cérebro possibilita a reconexão de neurônios para se adaptarem sob pressão e de uma maneira útil.

Contudo, só quando estamos dispostos a reconhecer e lidar com as distorções que perturbam o pensamento é que começamos a criar uma distância dos próprios pensamentos, pensar de modo mais objetivo e instigar a mudança.

Tudo muito bonito na teoria, mas como colocar em prática? Com um método simples de três passos:

1. ***Detectar***

   Identificar um pensamento ou sentimento que cria tensão em você.

2. ***Explorar***

   Agir com curiosidade. Fazer perguntas do tipo: "O que significa este pensamento ou sentimento?", "Qual a sua função?", "Essa reação é recorrente?".

3. ***Realinhar***

   Tentar diferenciar entre o que é pensamento, o que é sentimento e o que é a verdade. Fazer perguntas do tipo: Se uma pessoa querida tivesse esse pensamento ou sentimento, que palavras de conforto você ofereceria a ela? Pode oferecer a si próprio a mesma compreensão empática?

   Não se preocupe se esse método lhe parecer um pouco bobo, no momento. Ele fará mais sentido depois que você tiver acesso a exemplos práticos nas páginas seguintes, todos relacionados a cada tipo de armadilha de pensamento que exploraremos.

TIPOS DE ARMADILHAS DO PENSAMENTO

Há uma série de tipos de "armadilhas do pensamento", ou distorções cognitivas, reconhecidas pelo dr. Aaron Beck e popularizadas pelo dr. Daniel Amen. Vale a pena você conhecê-las e identificá-las em seus padrões de pensamento para ser capaz de entrar no processo de alterar/superar/curar essas distorções. São elas:

* Conclusões precipitadas
* Filtro mental
* Afirmações do tipo "deveria" e "tenho que"
* Atribuição de culpa
* Pensamento dicotômico ou polarizado
* Raciocínio emocional
* Catastrofização
* Personalização

Conclusões precipitadas

Todos nós temos expectativas para o futuro e fazemos previsões de como nos sentiremos se essas expectativas forem frutíferas ou não. Entretanto, a armadilha do pensamento conhecida como conclusões precipitadas implica um salto além de expectativas normais para o campo das predições negativas. Isso significa que quando temos um pensamento de que algo ruim vai acontecer, interpretamos como um fato.

A armadilha do pensamento das conclusões precipitadas pode se manifestar com pensamentos como:

* "Nada dará certo para mim"
* "Ficarei sozinho para sempre"
* "Bancarei o idiota"

Exemplo

Um relacionamento romântico que vivi e chegou ao fim.

1. ***Detectar***
   Estou chateado e o processo subconsciente das conclusões precipitadas me faz pensar que meu destino é a solidão. Jamais conhecerei outra pessoa. O amor não existe. E a única pessoa com quem posso contar sou eu mesmo.

2. ***Explorar***
   Esses dados parecem verdades baseadas no que aconteceu? Ou seriam distorções cognitivas? Que sentimentos esses pensamentos tentam ocultar de mim? Talvez a dor da perda ou da solidão? Já me preocupei com isso antes? Quais são os possíveis benefícios de acreditar nesses pensamentos agora, se é que os há?

3. ***Realinhar***
   Pare um instante para respirar. O que estou sentindo neste momento é doloroso. É difícil não me afundar nesta situação, pois a emoção é muito pesada. Do que preciso neste exato momento? Provavelmente preciso me lembrar das pessoas à minha volta. Posso oferecer isso a mim mesmo de alguma forma?

Filtro mental

Filtro mental é a pressuposição de que sabemos o que as outras pessoas pensam ou pensarão, embora não tenham dito e não tenhamos perguntado. Um pouco de filtro mental pode ser útil para desenvolver contato com as pessoas, como, por exemplo, ser capaz de "ler" os sinais faciais que recebemos dos outros, tais como sorrisos, risos ou o queixo caído. Entretanto, o filtro mental se torna problemático se for negativo, frequente e sem muita evidência que o faça ter sentido.

A armadilha do pensamento do filtro mental pode se manifestar com pensamentos como:

* "Acham que sou esquisito"
* "Eles não se importam comigo"
* "Eu os incomodo"

Exemplo

Um colega de trabalho se tornou muito quieto e distante. Eu não tenho conhecimento disso, mas esse comportamento é resultado de algo perturbador que ocorreu na vida pessoal dele.

1. ***Detectar***
O processo subconsciente do filtro mental me faz pensar que meu colega está se comportando dessa maneira por causa de algo que lhe fiz, e isso me entristece.

2. ***Explorar***
A minha pressuposição parece uma verdade baseada no que aconteceu? Ou seria uma distorção? Que evidência tenho para apoiar essa pressuposição? A minha conclusão é o comportamento típico do meu colega? Do que tenho medo por causa dessa situação?

3. ***Realinhar***
Vou olhar a situação em perspectiva. Quais são as outras possibilidades para isso ter acontecido, que não envolvem a minha pessoa? Esse evento me deu informação a partir de um gatilho que já tenho. Mas posso me

desembaraçar um pouco. Neste momento, o que posso dizer de tranquilizador a mim mesmo? Todas as pessoas têm seus dias ruins, e raramente isso tem a ver comigo.

Afirmações do tipo "deveria" e "tenho que"

A palavra "deveria..." sai de nossa boca várias vezes por dia, provavelmente sem mesmo percebermos. "Ah, eu deveria passar roupa...", "Deveria terminar aquele trabalho", "Ela deveria aprender a dirigir"... Mas a mania de dizer ou pensar "deveria..." é, na verdade, uma armadilha do pensamento que pode nos colocar em um caminho precário de julgamento e crítica, que, por sua vez, leva a frustrações, infelicidade e até raiva de nós mesmos e dos outros.

Outro inconveniente paradoxal do "deveria..." é o fato de ser muito desmotivador. Pense nisso. O que você acha que "deveria" estar fazendo neste minuto? Anima-se com a ideia? Ou ela o deixa apático? De um modo geral, os "deverias" não fazem as coisas acontecer nem estimulam a produtividade.

Exemplo

Estou adiando a resposta a alguns e-mails que estão na minha caixa de entrada.

1. *Detectar*

Quando descanso à noite, o "deveria..." aparece: "Eu deveria parar de assistir TV e voltar ao computador", "Deveria responder a fulano antes que seja tarde", "Deveria responder aos e-mails enquanto estou aqui".

2. *Explorar*

Que preocupações ou medos me impediram de responder aos e-mails até agora? Talvez, uma sensação de sufoco? Medo do fracasso? Ou quem sabe um medo oculto do sucesso? O que a palavra "deveria" me faz sentir? Sinto-me à vontade com ela? Ela me lembra de alguém ou de alguma coisa em particular?

3. *Realinhar*

Os "deverias" são recursos da mente para lidar com a ansiedade em torno da tarefa a ser realizada. Mas que tal substituir "eu deveria..." por "eu gostaria de..." ou "quero..."? Provavelmente não tenho me dado crédito suficiente; acho que a tarefa pode ser dividida em passos fáceis. Começar é sempre o mais difícil. Que passo pequeno pode aliviar a sensação de peso da tarefa?

Atribuição de culpa

Vamos reconhecer: ninguém gosta de admitir que errou. "Não foi culpa minha", "Fiquei preso no trânsito", "Eu não teria gritado se você não me irritasse tanto"... Infelizmente, fugir à responsabilidade é algo que nos força a culpar os outros ou as circunstâncias externas por nossos erros.

Exemplo

Comecei a discutir em voz alta com uma amiga e ela disse algo que me magoou no calor do momento. Sei que estava nervosa, mas mesmo assim aquilo me entristeceu.

1. *Detectar*

   Apesar de ela ter pedido perdão pelo que disse, ainda estou magoada e não paro de pensar que o erro foi dela. Não consigo pensar na minha parte de responsabilidade pela briga, inclusive o fato de eu ter alterado a voz.

2. *Explorar*

   Por que continuo a culpá-la, se ela já pediu perdão? O fato de apontar a culpa para ela me protege? De que tenho medo que possa acontecer se eu reconhecer que também errei na briga? Teria a ver com o modo como lidávamos com conflitos em casa? Ou com alguma experiência anterior em que alguém se aproveitou de minha vulnerabilidade?

3. *Realinhar*

   Reconhecer minha responsabilidade na situação não exime a outra pessoa de responsabilidade; posso ao mesmo tempo me sentir magoada e aceitar a responsabilidade por minha parte da briga. Como eu gostaria de lidar e resolver conflitos, de agora em diante? Naquela situação específica, o que eu poderia ter feito? O medo de ser vulnerável é racional, mas mesmo assim quero essa mudança. O que eu mudaria se culpasse menos os outros? Isso me ajudaria a ser mais quem eu quero ser? Não posso controlar o que minha amiga diz, mas posso controlar minha reação, a partir de agora.

PENSE EM UMA PESSOA QUERIDA QUE O PROCURA E FALA QUE TEM OS MESMOS TIPOS DE PENSAMENTOS. O QUE VOCÊ DIRIA A ELA?

Pensamento dicotômico ou polarizado

Quando caímos na armadilha do pensamento dicotômico ou polarizado, também conhecido como "pensamento preto e branco", pensamos em extremos e absolutos. Tudo é fantástico ou terrível: "Meu objetivo é a perfeição; qualquer coisa menos que é isso é fracasso". Essa dicotomia constitui a base do perfeccionismo.

Nada, porém, existe em absolutos; portanto, a tentativa de enquadrar nossas experiências em categorias tão rígidas pode nos causar decepção, desânimo, vergonha e até desespero. Essas experiências raramente, ou nunca, alcançarão as expectativas de nossos absolutos. A vida não costuma ser exatamente este ou aquele caminho.

Exemplo

Recebo uma avaliação no trabalho e me dou conta de que o *feedback* não está tão bom quanto antes.

1. *Detectar*
   Sinto-me arrasado e essa armadilha do pensamento me faz achar que não sirvo para o meu trabalho. Não sou bom o suficiente e apenas tive a sorte de permanecer no emprego até agora.

2. *Explorar*
   Que evidência tenho a favor ou contra esses pensamentos? Que crença eu tenho acerca de mim mesmo que gera e reforça esses pensamentos? Como lido com a imperfeição? Como minha família lidava com as conquistas, quando eu ainda era criança?

3. *Realinhar*
   Quero agora ampliar minha perspectiva e me lembrar de algo importante. Esse *feedback* é decepcionante, mas uma pontuação não reflete meu valor. É apenas uma parte do *feedback*. Por que dou tanta importância a isso? O que eu diria a um amigo que estivesse vivendo essa situação? Posso me sentir decepcionado sem me diminuir.

Raciocínio emocional

Quando consideramos que nossos sentimentos são evidências da verdade, fatalmente caímos na armadilha do raciocínio emocional. "Sinto algo; portanto, minha interpretação (os pensamentos que atribuo a esse sentimento) deve ser verdadeira". Na realidade, nosso sentimento é válido, mas nossa interpretação do sentimento e do que advém dele provavelmente estará deturpada.

Exemplo

Sinto-me negligenciado por meu parceiro ou parceira, que não larga o celular, mesmo quando estou tentando conversar.

1. *Detectar*
   O processo subconsciente de meu raciocínio emocional me enche de sentimentos de rejeição. E isso, por sua vez, me faz pensar e crer que a outra pessoa não se importa comigo e apenas se aproveita de mim.
2. *Explorar*
   O meu pensamento atual sustenta uma crença que tenho acerca de mim mesmo e dos outros? Se considerar o sentimento e o pensamento separadamente, já me senti assim antes? E por que dou essa interpretação a esse sentimento?
3. *Realinhar*
   A interpretação que dou ao meu sentimento talvez me mostre alguma ferida anterior que mereça minha atenção. Que velha mensagem ou crença estou combatendo, na tentativa de me libertar? Meu sentimento é válido, assim como minha responsabilidade. Que lembrete gentil posso dar a mim mesmo, levando tudo isso em conta?

Catastrofização

A catastrofização é uma distorção conhecida por muita gente. Essa armadilha do pensamento ocorre quando convertemos uma situação corriqueira, comum, em algo tremendo e colossal. Damos um salto para o pior dos cenários e para o irracional. A ameaça é exagerada na mente, e acabamos sentindo pânico, sufocação ou até mesmo desespero.

Exemplo

Procuro meu celular no bolso do casaco e descubro que o aparelho não está lá.

1. *Detectar*

   O coração começa a bater rápido, e logo vêm os pensamentos catastróficos. "Ah, não! Perdi o celular. Deixei em algum lugar. Alguém o pegou. O que vou fazer? Não tenho condições de comprar outro agora. E se alguém olhar minhas fotos? E se alguém acessar minhas senhas e *hackear* minhas mídias sociais?" Tudo isso se passa em poucos segundos, até que encontro o celular na cadeira ao meu lado.

2. *Explorar*

   De volta ao pensamento original: "Perdi o celular", por que esse cenário seria tão horrendo? Como eu me sentiria em relação ao problema daqui a uma semana, um mês, ou um ano? Como me relaciono com a questão do controle? Seria uma área que necessita de atenção?

3. *Realinhar*

   Pare um instante para respirar e desacelere os pensamentos. Observe do que você tem medo. Como posso amenizar esse medo neste momento? O que aprendi com essa experiência? Lembre-se: livrar-se do controle significa, na verdade, libertar-se da ilusão do controle.

Personalização

Personalizar é uma das armadilhas mais comuns do pensamento. Consiste em levar as coisas demasiadamente a sério (demasiadamente "pessoal"); culpar-se por circunstâncias que nada tenham a ver com você ou que lhe escapem do controle; e presumir, incorretamente, que você foi visado ou excluído de propósito.

A disposição para assumir responsabilidade por suas escolhas é, sem dúvida, um grande indicador de autodesenvolvimento e inteligência emocional, mas, ao mesmo tempo, considerar-se responsável por coisas que não são de sua alçada é muito nocivo, principalmente se você se sentir vítima das circunstâncias.

Exemplo

Recebo o boletim de minha filha, e vejo que ela está com muita dificuldade em matemática.

1. *Detectar*

   O processo subconsciente de personalização me diz que isso é minha culpa. Eu deveria ter acompanhado minha filha no desempenho escolar, investigado antes. Sou mau pai ou má mãe.

2. *Explorar*

Qual foi minha real responsabilidade no resultado e como posso concluir que não é só minha culpa? Aliás, existe culpa nessa questão? Qual é o propósito de personalizar esse cenário? Protege a mim ou qualquer pessoa contra algo? Tem alguma serventia, afinal?

3. *Realinhar*

Dê um passo para trás e olhe a situação de fora. O que deve ser feito? Essas coisas acontecem. Não é necessário culpar nem responsabilizar ninguém, mas é bom entender que esse padrão de armadilha do pensamento serve ao menos para me impulsionar. O que eu diria a um amigo que tivesse o mesmo problema? Não há espaço para "perfeição" em cenário algum, nem mesmo quando o assunto são os cuidados paternos.

Resumo das armadilhas do pensamento

Após ler todas essas informações sobre as diversas armadilhas do pensamento, você já deve ter uma compreensão mais vasta não só das suas próprias armadilhas, mas também da importância do sentimento de tranquilidade e calma que pode ser criado com a prática de detectá-las, explorá-las e realinhá-las em sua vida. Esteja sempre à vontade para adaptar os processos de exploração e realinhamento nos melhores esforços com suas necessidades e experiências pessoais, e veja o que consegue discernir.

RECONHECENDO NOSSO AGRESSOR INTERIOR

Infelizmente, muitas pessoas falam consigo mesmas com a voz de um tirano, e não de alguém gentil e apoiador. Às vezes, esse agressor interior se instala e fica tão enraizado na mente que só percebemos sua presença quando um amigo ou um terapeuta aponta que somos rígidos demais com nós mesmos. Na verdade, não é raro que esse agressor se torne tão poderoso a ponto de exercer efeitos prejudiciais ao nosso bem-estar. Os "maiores *hits*" (ou comentários mais comuns) da voz interior tirânica são:

* "Você está horrível."
* "Esta foi a maior besteira que você já fez."
* "Todas as pessoas têm a vida encaminhada, menos você."

* "Para que tentar? Você não vai conseguir."
* "Você não tem nada de bom para dizer."
* "Você só está bancando o bobo."

> **PAUSA DE CINCO MINUTOS:**
> CONHEÇA SEU REPERTÓRIO
>
> Se você se identificou com a ideia de que a sua voz do *bullying* interior tem um álbum com os "maiores *hits*" que tocam com frequência, reflita por um momento sobre esses "*hits*". E pense em como gostaria de transformá-los.

COMO CONHECER ESSE AGRESSOR INTERIOR

Como muitos de nós sabemos, às vezes é difícil sustentar um diálogo interno com gentileza e suavidade. A mera ideia de agir assim pode nos arrepiar ou gerar sentimentos de frustração e raiva quando não conseguimos falar a nós mesmos com bondade; ou pode até parecer inútil. Se nossa autoestima for baixa, podemos nos sentir mais à vontade com a voz tirânica que com aquela oculta no fundo; o *bullying* já é algo familiar, enquanto a exploração de nossos medos não.

Nosso cérebro é programado para nos apartar do medo e buscar algo certo e familiar, mesmo que isso inadvertidamente nos afaste muito de nosso sentido do *self*. De certa forma, a função do *bullying* interior consiste em desviar nossa atenção de qualquer medo subconsciente que possa ter sido ativado em nós.

Em outros momentos, essa voz provavelmente repete mensagens que internalizamos de uma voz exterior ouvida durante nossa infância: uma voz sarcástica que ouvimos tantas vezes durante muitos anos que passou a fazer parte da nossa própria constituição. Essa voz pode ser de um cuidador crítico com expectativas irrealistas a nosso respeito quando éramos novos. Traumas antigos, como *bullying* e outras formas de abuso, também podem ser parte integrante da maneira como nos dirigimos a nós mesmos.

O AGRESSOR INTERIOR É APENAS UMA PARTE DE VOCÊ, NA SALA INTERIOR DE REUNIÃO, TOMANDO CONTA DO MICROFONE.

NÃO ESTÁ NA HORA DE DAR ATENÇÃO ÀS OUTRAS PARTES PRESENTES À MESA?

No âmago do *bullying* interior há um profundo sentimento de vergonha. A vergonha não diz: "Fiz algo errado". Ela simplesmente afirma: "Sou errado". Tudo que espezinha nosso espírito tem o potencial de desgastar nosso sentido de *self*.

CURANDO O DIÁLOGO INTERNO

Nas páginas seguintes, examinaremos maneiras para curar nosso diálogo interno, por meio de um processo de seis passos, principalmente quando o agressor interior estiver falando alto demais:

1. Examine seu diálogo interno.
2. Explore o propósito de seu diálogo interno.
3. Enfrente sua resistência à compaixão.
4. Seja o tutor do agressor.
5. Pratique autoafirmação.
6. Reflita.

> **PAUSA DE CINCO MINUTOS:**
> **OBSERVE O AGRESSOR**
>
> Antes de iniciar o processo de seis passos especificado anteriormente, observe por um momento que esse agressor interior não é você. Ele pode fazer parte de você, mas não é você todo. É você que ouve e *localiza* a voz tirânica, e que tem o poder de reconhecer e falar com ela quando ela se manifesta.
>
> Quando a voz do *bullying* começar a falar, tente mantê-la a certa distância e ouça-a com ouvidos impassíveis. Veja como esse processo muda a dinâmica de sua relação com essa voz interior de *bullying* e observe como se sente depois.

1. Examine seu diálogo interno

Reserve algum tempo para observar como você se dirige a si próprio. Que palavras usa? Qual é o tom do diálogo interno? Lembre-se de que quando o sentido do *self* é baixo, o diálogo interno tende a parecer mais crítico e tirânico que o normal. O modo como você conversa consigo muda de acordo com o ambiente? E quanto à hora do dia ou época do ano? E as pessoas com que você convive? A voz faz você se lembrar de alguém? E quanto às palavras usadas? São suas? Ou parecem mais palavras ditas por alguma outra pessoa que você conhece? Explore gentilmente o conteúdo de seu diálogo interno e pense em como poderia retrabalhar cada pensamento negativo através de lentes mais tolerantes e compassivas.

2. Explore o propósito de seu diálogo interno

Como já vimos, sempre há motivos para nos dirigirmos a nós mesmos da maneira como fazemos; o *bullying* interior tem um propósito. Às vezes, é o de nos proteger de uma emoção que tememos ser avassaladora. Outras vezes, o objetivo é nos impedir de tomar uma atitude que nos deixe vulnerável. Outras vezes, talvez venha do medo do fracasso ou do sucesso. O diálogo interno negativo também pode servir para nos colocar na posição já confortável de "vítima"; quando somos vítimas das circunstâncias, podemos negar responsabilidade por nosso bem-estar. Não se julgue por isso. Sempre acabamos encontrando evidências de tudo aquilo em que acreditamos sobre nós mesmos. É preciso ter resiliência e coragem para reconhecer isso.

Então, explore e verifique, a partir do que encontrar em torno de si, por que seu agressor interior fala com você desse jeito; e por que você permite que isso aconteça. E, claro, procure por ajuda de um terapeuta ou outro profissional de saúde mental, se precisar de apoio. Conforme for compreendendo melhor a função de seu diálogo interno, você encontrará cada vez mais oportunidades de se curar.

3. Enfrente sua resistência à compaixão

Falar a si próprio com gentileza, tolerância e compaixão pode ser tão difícil quanto escalar o monte Everest. Talvez viremos os olhos por desprezo à ideia, ou tentemos pular esta parte do livro por achar muito "babaca" ou por acreditar que soa como misticismo barato; ou pode até parecer muito desafiadora e desconfortável.

Muitos resistem à ideia de compaixão por conta do abuso no uso da palavra hoje em dia. Mas é importante não dispensar o valor inerente do conceito apenas por conta do exagero no uso de um mero grupo de letras.

À medida que aprendemos a nos dirigir a nós mesmos de uma maneira mais compassiva, compreensiva e reconfortante, vai ficando mais claro o quanto esse tipo de autoconsideração fez falta até aquele momento. É doloroso constatar como era nosso diálogo interno no passado. Mas em cada novo estilo de diálogo interno reside o potencial para um novo modo de ser.

O processo de cura consiste em trabalhar de forma ativa. Embora palavras como compaixão, tolerância, paciência, aceitação e gentileza indiquem candura, o trabalho para alcançar cada uma dessas virtudes não tem nada de fácil.

4. Seja o tutor do agressor

Uma lição geralmente aprendida na infância: ao ver alguém fazendo *bullying* com você ou outra pessoa, avise os pais ou professores. A lição é a mesma na idade adulta; o que muda é que agora os três personagens – o pai (ou a mãe), o professor e o agressor – são todos interiores.

Esse tirano interior é muito apto em nos fazer sentir inferiores; por isso, é importante contar com a voz de nosso pai ou professor interior para se contrapor a ele.

Enfim, o que seu pai ou mãe interior diria a esse indivíduo que faz *bullying* com você? Seria firme e taxativo com ele? Talvez se preocupe com o agressor, tentando entender o que aconteceu com ele para se comportar dessa forma? Teria perguntas para fazer a ele? Ele ou ela consegue enxergar através do exterior dessa figura que faz *bullying* com o "filho" e ver o que está por trás dessa maldade?

O pai ou mãe interior, que exploraremos no Capítulo 7, pode ser desconhecido para você, mas está sempre pronto a ajudar, proteger e restaurar a segurança. Então, tente prestar atenção consciente àquilo que seu pai interior sente da próxima vez que o agressor interior começar a falar.

5. Pratique autoafirmação

Quando vemos a palavra "afirmação", podemos pensar em repetir de forma desconfortável uma série de frases afirmativas a nosso respeito diante do espelho.

Afirmação é, na verdade, qualquer frase positiva que repetimos para nós mesmos. Pode ser simples como "sou feliz" ou "sou inteligente".

Nosso consciente tem a capacidade de pensar de modo racional e sistemático o que dizemos a nós mesmos, mas o subconsciente não sabe fazer isso, aceitando nosso diálogo interior como verdade. Por isso, é vital para o nosso sentido de *self* desenvolver uma prática de autoafirmação regular e consciente. É importante lembrar que a crença vem com o tempo, daí a importância vital do compromisso e da coerência.

Você encontrará nas páginas seguintes mais ideias acerca das afirmações, incluindo uma lista de afirmações para serem escolhidas e orientações para a criação de outras, próprias.

6. Reflita

À medida que passamos a trabalhar ativamente na cura de nosso diálogo interno, é importante pararmos para refletir sobre os modos como falamos com nós mesmos desde a última verificação.

Como foi seu diálogo interno hoje? Esqueceu-se de chamar a voz de seu pai interior? A voz do agressor interior estava ativa hoje?

Quando damos atenção consciente e diária ao nosso diálogo interno e nos comprometemos com a reparentalidade com compaixão, amplificamos nossa cura.

Não faz sentido procurar pela perfeição nesse processo. A cada dia encontramos novas oportunidades de aprender a respeito de nós mesmos. O truque, então, é manter a curiosidade, seguir em frente e refletir sempre.

AFIRMAÇÕES PARA OS CÉTICOS

Alguns acham a ideia de fazer afirmações um tanto "babaca", e eu compreendo esse sentimento. Mas saiba que o valor de desenvolver uma prática de afirmações tem sido francamente apoiado tanto pela pesquisa neurocientífica quanto empírica.

Ainda sinto um pouco de ceticismo quando dou início a uma nova prática de afirmação. Portanto, esteja você cético ou entusiasmado e ansioso para começar, peço apenas que leia as informações a seguir com o coração e a mente abertos.

Como já mencionamos, as afirmações consistem em frases positivas curtas que, quando repetidas regularmente, são filtradas pelo consciente e chegam ao inconsciente. Usadas da maneira correta, permitem-nos influenciar positivamente nossos padrões de pensamento, nosso comportamento e nossos sentimentos acerca de nós mesmos.

As pesquisas indicam que a prática de fazer afirmações está relacionada a um sono melhor, a realizações pessoais, a uma redução do estado defensivo, menores níveis de estresse e uma melhor perspectiva do *self*. Não é sem motivo que se fala tanto dessa prática hoje em dia. A questão principal das afirmações positivas é que podemos nos sentir desconfortavelmente positivos. Portanto, vamos nos livrar da pressão da positividade e começar adotando a neutralidade.

INGREDIENTES VITAIS DAS AFIRMAÇÕES

Há três elementos essenciais para toda receita de afirmação, e sem eles o cérebro não consegue processar a frase com facilidade. Esses ingredientes garantem a eficácia de sua prática e eliminam o trabalho extra que, sem eles, a mente teria de fazer. São:

* ***O tempo presente:***

  As afirmações precisam ser frases baseadas no presente, não no futuro. Por exemplo: "Sinto-me em paz comigo mesmo" (não "Vou me sentir em paz comigo"). Isso acontece porque o subconsciente não diferencia entre passado, futuro e presente; necessita de elementos específicos. Frases como "Quero ser feliz" ou "Vou me sentir mais energizado" só geram incerteza e ambiguidade. *Quer* se sentir feliz? *Vai* se sentir mais energizado? *Quando? Pare com isso, pois requer esforço!* Se você escreve uma história com muitos furos, o subconsciente termina o roteiro!

* ***Neutralidade***

  As frases devem incluir apenas palavras afirmativas. Nosso cérebro precisa de mais esforço para extrair o bem de afirmações que contenham palavras como "não posso", "não vou...".

  Portanto, evite frases como "Não vou mais me criticar"; em vez disso, experimente algo como "Estou bem. Estou trabalhando para me aceitar como o bom ser humano que sou".

* *Conteúdo definitivo:*

Todas as afirmações devem ser ditas como verdades definitivas. Por isso, cuidado para não incluir palavras como "se", "poderia", "deveria", "talvez" ou "vou tentar...". Evite frases do tipo "Se algo de bom me acontecer, tentarei não achar que foi mero golpe de sorte"; diga, por outro lado, algo mais ou menos assim: "Sou merecedor de todo o bem que está entrando em minha vida" ou "As coisas boas acontecem e eu aceito que faço parte delas".

Uma observação interessante:

Caso você depare com uma afirmação que o faça se contorcer, provavelmente ela indica algo que lhe é necessário naquele exato momento, quer você aceite quer não. Experimente, enfim. Às vezes, as coisas a que mais resistimos são as de que mais precisamos. Como já vimos, você não precisa acreditar na afirmação para começar, e ela não precisa ser um retrato de sua vida naquele momento.

PAUSA DE CINCO MINUTOS:
TOMAR OS SEGUINTES MEDICAMENTOS
DE AFIRMAÇÃO

Uma afirmação.

Dita em voz alta 2x dia.

Por trinta dias ou mais.

COMO ADMINISTRAR NOSSAS EXPECTATIVAS COM AS AFIRMAÇÕES

É compreensível que uma prática de afirmação exija, enfim, *prática*, mas isso não significa que você terá de esperar muito tempo até ocorrer uma mudança. Dependendo do que você almeja, talvez note mudanças na terceira semana ou até no primeiro dia. É completamente diferente para cada indivíduo.

Até agora, o cérebro desfrutou o que era familiar, mesmo que o familiar seja um padrão de pensamento comprometedor da autoestima.

A familiaridade é simplesmente um caminho neural forte no cérebro. Desse modo, para que ocorra uma mudança, precisamos formar *novos* mapas do caminho no cérebro. Por isso a repetição é crucial, bem como a prática de falar em voz alta cada afirmação.

Você está literalmente mapeando um novo caminho de existência; então, seja coerente e deixe sua voz ser ouvida.

Realinhar os pensamentos (e os caminhos da existência) é um trabalho difícil, porém recompensador. Seja paciente consigo mesmo. À medida que você se tornar mais consistente com a prática, começará a notar que as afirmações escolhidas ressoam mais profundamente.

PAUSA DE CINCO MINUTOS:
ESCOLHA UMA AFIRMAÇÃO DIÁRIA

Primeiro, identifique um pensamento que você gostaria de abandonar. Em seguida, escolha uma afirmação alinhada com o ponto em que você gostaria de estar; você pode escolher a partir da lista a seguir ou procurar inspiração em outras fontes. Repita a afirmação escolhida todos os dias.

LISTA DE AFIRMAÇÕES

* Minha mente está calma.
* Tenho valor e sou importante.
* Sinto a alegria da abundância.
* Sinto-me bem hoje.
* Estou no caminho certo.
* Estou me curando por dentro todos os dias.
* Estou satisfeito.
* Tenho saúde e estou me curando.
* Mereço isto.
* Minha vida é repleta de amor.

* Sou pleno.
* Estou crescendo.

PAUSA DE CINCO MINUTOS:
ESCREVA SUA AFIRMAÇÃO

Se preferir criar uma afirmação pessoal sobre tudo o que você vem explorando em si próprio, use os três ingredientes básicos já explicados e observe como se sente ao trabalhar com sua afirmação personalizada a cada dia.

KIT DE PRIMEIROS SOCORROS PARA DIÁLOGO INTERNO

Mesmo quando tudo parece estar bem na vida de um modo geral, todos nós experimentamos dias ou momentos difíceis. Nessas ocasiões, as palavras de apoio dos outros podem ser uma fonte indispensável de conforto.

Acontece que as outras pessoas nem sempre estão disponíveis para oferecer tal conforto; assim, analise a lista a seguir e veja alguns lembretes gentis e encorajadores que você pode oferecer a si mesmo sempre que precisar.

Conforto para momentos de ansiedade

* Neste momento, tenho sensações desagradáveis, mas tudo bem. Elas irão embora, assim como vieram.
* Sinto-me ansioso, mas e daí? Isso faz parte da vida, mas não é maior que a vida.
* Já vivi momentos de ansiedade antes, e superei todos. Vou respirar contando até três. Segurar contando até três. E exalar contando até três.
* O que estou sentindo é difícil, mas não é estático. Move-se. E continuará se movendo.
* Isso é desconfortável, mas não é perigoso. É informação. Vou me concentrar em minha respiração neste momento e ficar atento ao que o sentimento tenta me transmitir.

UMA PRÁTICA DE
FAZER AFIRMAÇÕES
É IMPORTANTE.
TAMBÉM É IMPORTANTE
CONSIDERAR "COMO POSSO
VIVER ESSA AFIRMAÇÃO?".

* Ansiedade é um sentimento racional tentando se comunicar comigo de uma maneira irracional.
* Toda vez que admito que estou em um momento de ansiedade, aumento minha capacidade de lidar com ela.

Conforto para dias difíceis

* Não preciso ter pressa. Posso fazer tudo com calma.
* Já me senti assim antes; portanto, sei que dou conta.
* Um dia ruim não significa que sou ruim ou que minha vida é ruim.
* Um dia triste não elimina os diversos dias bons. Mesmo hoje, houve momentos em que me senti mais leve.
* Neste momento, é difícil acreditar que me sentirei melhor, mas também sei, em algum nível, que isso vai acontecer.
* Este sentimento não é tudo em mim. Sinto-me deprimido, mas é apenas uma parte do que sinto.
* Tudo bem, se hoje as coisas não estão muito boas.
* É preciso coragem e resiliência para reconhecer que estou me sentindo incapacitado, e aqui estou, fazendo exatamente isso.

Conforto quando surge a raiva

* Sentir raiva é saudável e sou responsável pelo modo como a administro.
* Raiva é para mim uma emoção confortável. O que mais sinto agora que não seja tão confortável?
* Posso permitir a esse sentimento existir e ser processado através de meu corpo.
* Posso dar um tempo e respirar até saber o que quero fazer.
* A raiva é uma aliada útil, mas a agressão não é. Posso comunicar minha raiva de uma maneira calma, quando me sentir preparado para isso.
* A profundidade de minha raiva logo diminuirá, ainda que neste momento não pareça que isso vá acontecer.
* Estou seguro. Estou seguro. Estou seguro.

LEMBRETES MENTAIS

Reserve cinco minutos ao final de cada dia, durante um mês, refletindo no seguinte:

* Como eu gostaria de falar comigo mesmo amanhã? Por exemplo, posso ser mais gentil, mais paciente e/ou mais encorajador.
* Como será meu diálogo interno recém-aperfeiçoado? Por exemplo, em vez de me autodepreciar por algo fora dos eixos, posso dizer algo do tipo: "Estou gostando muito desse projeto e não há problema se houver erros".
* Que novas afirmações posso escrever para endossar tudo isso? Por exemplo, "sou suficiente", "sou criativo", "sou amado...".

Depois desse mês, você terá à sua disposição uma arca do tesouro de informações sobre si próprio, incluindo passos concretos que o ajudarão a ser mais gentil consigo mesmo no futuro.

4.

Reconhecendo os Gatilhos

COMO ENTENDER SUAS REAÇÕES

"Reunimo-nos uma e outra vez em mil disfarces no caminho da vida." - *Carl Jung*

Afinal, o que o termo "gatilhos" significa? Os gatilhos são botões emocionais. Conectam o momento presente com uma memória ou situação no passado que foi dolorosa ou traumática para nós. Essa associação pode ser consciente ou inconsciente, sentida tanto no nível emocional quanto no físico.

Embora os gatilhos sejam geralmente relacionados a condições severas como TEPT (transtorno de estresse pós-traumático), eles são muito comuns e podem também resultar de relações negativas de menor intensidade com certos lugares, pessoas ou eventos.

POR QUE DEVEMOS CONHECER NOSSOS GATILHOS?

Aprender sobre gatilhos faz parte do processo de aprendizagem a respeito de quem somos. Conhecer os gatilhos representa um avanço importante na jornada maior de autoconhecimento, pois nos torna mais autoconscientes.

Com mais autoconsciência, conseguimos atenuar reações e administrar emoções, sem perder o sentido do *self* e sem permitir que elas nos controlem. Estando cientes, também podemos saber quais são os parâmetros do que somos capazes de tolerar. Podemos reduzir a exposição aos gatilhos enquanto trabalhamos a carga emocional que está na raiz deles.

Além disso, localizar e identificar os gatilhos permite compreender o estado de nossa saúde mental e bem-estar, projetando luz sobre feridas emocionais que necessitem de atenção.

Mas trabalhar com esses gatilhos pode gerar ansiedade, pânico, sufocação ou tristeza. Em casos mais graves, algumas pessoas vivenciam os chamados *flashbacks*, perdendo a referência do aqui e agora e revivendo o trauma como se ele estivesse ocorrendo no momento presente. O melhor modo de tratar reações desse tipo é buscar a ajuda de um terapeuta de trauma ou de um médico.

> **PAUSA DE CINCO MINUTOS:**
> IDENTIFIQUE UM GATILHO PARA VOCÊ
>
> Você consegue se lembrar de alguma situação em que algo desencadeou reações em você, funcionando como um gatilho? Como foi a sensação? Talvez seus pensamentos se aceleraram e seu coração começou a bater mais forte? Talvez sua mente foi dominada por uma espécie de ruído estático e você sentiu uma urgência de escapar? Em outros momentos, as pessoas acionam o que chamamos de piloto automático. Quando isso acontece, podemos dizer coisas que não diríamos normalmente. Será que você se reconhece em alguma dessas situações?

DIFERENTES TIPOS DE GATILHOS

Os gatilhos podem ocorrer interna ou externamente. Gatilhos internos são sensações físicas que associamos a sentimentos parecidos com os que tivemos naquele momento, como, por exemplo, aceleração do batimento cardíaco ou dor de estômago. Os gatilhos externos incluem estímulos exteriores como uma pessoa gritando, um cheiro específico, um tipo específico de toque, questões relacionadas a dinheiro e diversas outras coisas. Veja a figura na página 103 com mais exemplos de gatilhos internos e externos.

Um gatilho geralmente é especificamente relacionado a um indivíduo. Mas o gatilho não precisa necessariamente ter relação com a experiência do evento original. Mesmo que uma pessoa se depare com os mesmos estímulos em outro contexto (que o cérebro pensante possa racionalizar), o cérebro de sobrevivência associa os gatilhos com o trauma ou a situação original. Por exemplo, a data de aniversário de um trauma, um ruído alto, dificuldades financeiras ou conflitos familiares podem fazer com que o cérebro de sobrevivência recorde e reviva a ferida original.

Às vezes os gatilhos são sentimentos, em vez de eventos. Por exemplo, podemos sentir um nível de tensão ou de vulnerabilidade que era onipresente na infância; ou nos sentimos subestimados, não amados, quando alguém ignora nossa voz. Esses botões emocionais costumam ser pressionados durante situações de conflito com parceiros ou pessoas que compõem nosso círculo de relacionamentos.

Um renomado órgão que promove pesquisas que envolvem relacionamentos, chamado Instituto Gottman, compilou uma lista com 24 gatilhos comuns que geralmente são ativados em situações de conflito.

Confira quais são eles e analise se alguns têm a ver com você:

1. Eu me senti excluído.
2. Eu me senti impotente.
3. Eu senti que não me escutavam.
4. Eu me senti criticado.
5. Eu me senti julgado.
6. Eu senti que puseram a culpa em mim.
7. Eu me senti desrespeitado.
8. Eu senti falta de afeição.
9. Eu senti que não se importavam comigo.
10. Eu me senti sozinho.
11. Eu me senti ignorado.
12. Eu senti que não podia ser sincero.
13. Eu me senti como o vilão da história.
14. Eu me senti esquecido.
15. Eu me senti em perigo.
16. Eu senti que não me amavam.

GATILHOS INTERNOS

- UMA SENSAÇÃO FÍSICA
- ALTO NÍVEL DE ESTRESSE E ANSIEDADE
- SENTIR-SE RIDICULARIZADO E IGNORADO
- ROTINAS

GATILHOS EXTERNOS

- ANIVERSÁRIOS E DATAS IMPORTANTES
- NOTÍCIAS
- PROBLEMAS FINANCEIROS
- RUÍDOS ALTOS
- TESTEMUNHAR CONFLITOS E/OU VIOLÊNCIA

17. Eu me senti injustiçado.

18. Eu me senti frustrado.

19. Eu me senti desconectado.

20. Eu me senti dentro de uma armadilha.

21. Eu senti falta de paixão.

22. Eu senti que não podia me expressar.

23. Eu me senti manipulado.

24. Eu me senti controlado.

COMPREENDENDO OS GATILHOS

É mais fácil perdoar as atitudes das outras pessoas, e mesmo as nossas, quando percebemos a força da relação entre o ambiente, nossas emoções e nossas reações e nos damos conta de que os gatilhos emocionais são, na verdade, uma reação de sobrevivência.

Entretanto, é claro que conhecer esses gatilhos não nos dá aval para fazer qualquer coisa. Os gatilhos explicam, não justificam. Assim como o conhecimento sobre nosso estilo de apego nos ajuda a entender os relacionamentos, a aprendizagem acerca dos gatilhos nos auxilia a compreender nossas reações e reconhecer situações que podem causá-las.

Isso nos dá a oportunidade de abandonar o padrão de reações instintivas inconscientes e adotar um outro padrão, que envolve dar respostas conscientes e ponderadas. E também nos dá o poder de lidar melhor com situações que provocam o disparo de nossos gatilhos emocionais.

Quando começamos a compreender nossos gatilhos e as diversas maneiras como eles nos afetam, é possível canalizar toda nossa energia até então usada para a autocensura e aplicá-la na mudança.

Lembrete importante:

1. Se você é humano, tem gatilhos.
2. Se você é humano, não existe uma única pessoa viva que não possa representar um gatilho para você.

APRENDENDO A RECONHECER SEUS GATILHOS

Na próxima vez em que uma situação, um evento ou um indivíduo específico acionar um gatilho, tente respirar e observar a situação em perspectiva; assim, em vez de se envolver completamente com a circunstância, você poderá experimentar o processo de cinco passos apresentado a seguir. É possível praticá-lo em qualquer lugar seguro e confortável; não leva mais que cinco a dez minutos.

1. Observe seu corpo

Preste atenção às reações no seu corpo quando surge um gatilho e as anote mentalmente. Seus músculos ficam tensos? E sua temperatura corporal, como fica? Você sente o rosto quente? Suas mãos esfriam? Você respira fundo? Fique atento a todas as suas reações físicas, sejam elas sutis ou extremas.

2. Observe seus pensamentos

Agora foque seus pensamentos. Que histórias são contadas? Use as informações relacionadas às Armadilhas do Pensamento, apresentadas no Capítulo 3, para verificar quais "distorções cognitivas" ocorrem. Não precisa fazer nada com essas informações por enquanto. Sua tarefa é apenas acompanhar o surgimento dos pensamentos, sem mudá-los ou reagir a eles. Tente anotar alguns em uma folha de papel, em um diário ou no seu celular.

3. Coloque o chapéu de detetive

Está na hora de usar o chapéu de detetive e colocar para fora seu Sherlock Holmes interior. Comece analisando a situação que ativou essas reações físicas e emocionais em você. Talvez não seja tão óbvio a princípio, mas dedique algum tempo para considerar as possibilidades. Examine de novo as informações já apresentadas neste capítulo para ajudar na sua investigação. Talvez o gatilho tenha sido uma palavra? Ou um tom de voz? Talvez um cheiro? Ou um sentimento avassalador? Ou talvez tenha sido a opinião de alguém ou uma situação que de certa forma refletiu uma crença negativa que você tem a respeito de si mesmo?

É comum que vários de nossos gatilhos (pois, é isso mesmo, temos vários deles) se misturem. Por exemplo, seu gatilho em um momento específico poderia ser uma combinação de uma multidão barulhenta, uma roupa desconfortável que está incomodando você, o trabalho pesado que o está esperando em casa, uma mensagem do WhatsApp que não foi respondida, *além* da crença onipresente de que você é tratado de modo injusto nos relacionamentos. Todos nós temos uma multiplicidade de gatilhos que nem percebemos, e que só reconhecemos quando são ativados.

4. Identifique necessidades não supridas

Pare um momento e pense se o gatilho que acabou de sentir poderia ter alguma relação com uma necessidade não suprida ou desejos não realizados em sua vida, tais como segurança, confiabilidade, atenção ou afeição. Se for o caso, reflita como essa necessidade foi tratada pelas pessoas em seus relacionamentos em toda a sua vida, sejam elas membros da família, amigos, parceiros românticos ou quaisquer outras.

É perfeitamente normal que nem todas as nossas necessidades sejam supridas na vida adulta. Seria impossível, e talvez imprudente, que os outros satisfizessem cada necessidade nossa com prontidão e entusiasmo. No entanto, quando a mesma necessidade é sempre ignorada ou desconsiderada na vida adulta, desenvolve-se uma espécie de ferida emocional que pode se manifestar de diversas maneiras, inclusive na forma de um provável gatilho.

Quando olhamos hoje para nossa vida até o momento atual com sabedoria e maturidade, podemos compreender *por que* certas necessidades não foram supridas. Um cuidador, por exemplo, talvez tenha feito o melhor possível, mas simplesmente não tinha o tempo ou a energia que desejava porque também precisava trabalhar em tempo integral para pôr comida na mesa. Do mesmo modo, talvez tenhamos sido desrespeitados ou subestimados em relacionamentos passados, por amigos ou parceiros românticos, mas compreendemos que a outra pessoa estava passando por um momento difícil na época. Embora isso nos ajude a entender o que aconteceu, não cura a ferida emocional nem a experiência associada de decepção e/ou dor.

5. Tenha uma visão mais ampla

Por fim, pense em quais fatores da rotina diária podem ter contribuído para o gatilho, pois sabemos que muitas coisas podem convergir para nos deixar irritados, sensíveis ou à beira de um colapso, todos os dias. Talvez hoje não haja nada assim, mas é possível que você não tenha dormido bem, não tenha almoçado ou tenha perdido muito tempo em um supermercado cheio e barulhento logo cedo pela manhã. Há inúmeros fatores que podem contribuir para que o limite daquilo que somos capazes de suportar seja ultrapassado. Quando você consegue determinar quais são essas influências, pode cuidar melhor de seu bem-estar, dedicando alguns momentos do dia para analisar como está se sentindo e quais são suas necessidades.

Quanto mais você focar em identificar e aprender a lidar com os problemas que podem disparar gatilhos, menos propenso estará a "explodir" por conta das emoções que estão à flor da pele. Você pode sentir a presença de um gatilho, mas, à medida que for analisando as situações por meio de reflexão e realinhamento, vai começar a perceber que a carga emocional atrelada a ele se atenua e é dissolvida. Conforme você adquire mais prática em localizar e tratar seus gatilhos, as circunstâncias que antes o tiravam dos trilhos acabam perdendo a força e, por conseguinte, o controle.

CURANDO NOSSOS GATILHOS

O trabalho de reconhecimento e cura dos gatilhos é diferente dependendo de cada pessoa. Cientes disso, vejamos os passos a seguir, que podem nos ajudar a diminuir a carga emocional relacionada a eles e dar início ao processo de cura.

Entenda que embora seja possível trabalhar sozinho nesse processo (com o auxílio de um diário, se você quiser), algumas pessoas preferem segui-lo com o apoio de um terapeuta qualificado, principalmente em casos que envolvem traumas.

O primeiro passo para a cura de um gatilho é estar consciente dele, o que é possível com a ajuda do roteiro apresentado antes.

O passo seguinte é encontrar um local onde você se sinta confortável e seguro. Segurança é vital. Não podemos nos curar em um espaço em que não nos sentimos seguros. É muito difícil, às vezes perigoso, iniciar um trabalho

POR QUE ME SINTO ASSIM? PARE DE SER TÃO IDIOTA!

DEVE HAVER UMA BOA EXPLICAÇÃO PARA EU ME SENTIR ASSIM, EMBORA EU AINDA NÃO SAIBA QUAL É.

mais profundo em ambientes incertos, enquanto um lugar seguro e calmo (o que quer que isso signifique para você) proporciona as bases necessárias para a sua cura.

Você pode, então, explorar compassivamente as sensações no seu corpo quando esse gatilho aparece. Por exemplo, talvez sinta tontura, náusea ou tensão.

Em seguida, pense nas crenças associadas com o gatilho ativado. Talvez você descubra, por exemplo, que traz na bagagem uma coletânea de teorias, ou "histórias" sobre você mesmo criadas a partir de relacionamentos anteriores ou de experiências na infância; histórias estas que hoje causam mais mal que bem, do tipo "sou estúpido" ou "sou emotivo demais". Trate com gentileza aquelas partes de você que se sentem inferiores e comece a falar a si mesmo a respeito delas, com a mesma bondade e compaixão que dedicaria a uma pessoa amada. Com o tempo, você notará que, ao começar a trabalhar em uma área, os resultados e as recompensas se espalharão para *todos* os aspectos de quem você é.

Para diminuir a carga emocional dos gatilhos, será preciso identificar a fonte de cada um deles. Portanto, mais uma vez, procure saber onde eles se originaram. Por exemplo, se descobrimos que ficamos na defensiva quando alguém nos diz certas coisas, por que isso acontece? Talvez aquilo nos lembre de algo que nosso pai, nossa mãe ou um professor nos disse no passado. Talvez aquele tom de voz nos lembre de alguma pessoa específica. Em que situação foi preciso ter esse tipo de reação? O objetivo não é necessariamente reviver o passado, mas também não é fugir de qualquer emoção desconfortável. Você deve almejar um meio-termo saudável: lembrar-se, mas ao mesmo tempo permanecer com suas raízes firmes no presente. O ato de localizar um gatilho dentro dos parâmetros seguros expostos anteriormente nos permite sentir a emoção de uma maneira protegida e nos possibilita alcançar uma melhor compreensão de quem somos, além de nos ensinar por que reagimos de determinadas maneiras.

A partir daí, com prática, começaremos a ser capazes de escolher o modo de reagir aos gatilhos, em vez de sofrer com reações instintivas oriundas de feridas históricas.

Conquistar um estado de maior clareza e equilíbrio aumenta nossa habilidade para reagir conscientemente a eventos que disparam gatilhos. Podemos caminhar em direção a esse estado de equilíbrio se desenvolvermos as técnicas de autorregulação que serão abordadas no próximo capítulo. Vale observar que quando sofremos um trauma, esse tipo de regulação sensorial e física pode, às vezes, ser sufocante e nos levar a um ponto além da capacidade de tolerância. Nesses casos, é bom consultar um terapeuta especialista em traumas.

Lembre-se: administrar e curar gatilhos requer tempo, prática e paciência compassiva. Portanto, seja gentil consigo mesmo.

PAUSA DE CINCO MINUTOS: QUESTIONE SEUS GATILHOS

Quando um gatilho é disparado, vale a pena refletir a respeito dos seguintes pontos:

* Estou reagindo a algo que está acontecendo neste momento ou a algo que ocorreu no passado?
* Estou reagindo ao acontecimento em si ou a algo que tenho medo que aconteça?
* Estou reagindo ao que foi dito ou a uma história que associo ao que foi dito?
* Que limites foram atravessados (se é que foram)?
* Quais são as minhas necessidades neste momento?
* Como posso cuidar de mim mesmo neste momento? Por exemplo: sair por dez minutos, respirar fundo, ligar para um amigo, escrever no diário, redefinir limites...

COMPREENDENDO AS DIVERSAS REAÇÕES AO ESTRESSE

Para compreendermos um pouco melhor como se dá o processo de disparo de gatilhos, vale a pena sabermos antes como as reações ao estresse afetam o corpo.

Durante um evento doloroso ou uma experiência traumática, o cérebro costuma gravar estímulos sensoriais na memória; informações sensoriais como visões, sons e cheiros têm um papel importante em nossas lembranças inconscientes. Quanto maior for a quantidade de informação sensorial armazenada, mais fácil será reativar a memória. Às vezes, um gatilho sensorial pode, portanto, causar uma reação emocional antes mesmo que você perceba quais são as emoções que vêm à tona, de onde elas vêm e por que ocorrem.

Quando uma pessoa se vê diante de uma situação ameaçadora, o corpo entra em estado de alerta máximo, priorizando recursos para reagir às circunstâncias. Funções que não são essenciais para a sobrevivência imediata, como a digestão e a formação da memória de curto prazo, são "desligadas". E, no caso de um evento traumático, o cérebro pode até misturar os arquivos da memória, de modo que, em vez de ser armazenada como um evento passado, a situação seja categorizada como uma ameaça presente. Quando um gatilho faz a pessoa se lembrar de um trauma passado, o corpo pode agir como se o evento estivesse acontecendo novamente naquele momento.

Quando o centro do medo do cérebro, chamado amígdala, detecta ameaças, envia um alarme de mensagens por todo o corpo e pelo cérebro. Em resposta, o cérebro se programa para reagir aos nossos gatilhos, deixando de lado o pensamento racional e adotando uma entre várias possíveis reações de sobrevivência.

Essas reações podem ser categorizadas como:

* Reação de lutar.
* Reação de fugir.
* Reação de congelar.
* Reação de retrair-se.

As reações ao estresse podem ser essenciais para nossa sobrevivência, pois motivam ações que objetivam manter ou criar distância de mais ameaças, e podem indicar às pessoas ao redor que estamos enfrentando algo estressante e que precisamos de ajuda. Observe, com as informações das próximas seções, quais reações ao estresse são mais familiares para você.

Reação de lutar

Uma reação de lutar surge quando percebemos uma ameaça que acreditamos ser capazes de dominar. Nosso cérebro rapidamente envia mensagens ao corpo a fim de prepará-lo para um combate físico.

As características da reação de lutar incluem:

* Choro.
* Um sentimento intenso de raiva ou fúria.
* Uma vontade de ferir alguém ou a si próprio.
* Ataque verbal ou físico à fonte do perigo.
* Desejo de pisar com força ou chutar.
* Maxilar travado, rangendo os dentes.
* Uma sensação de nó no estômago, de queimação.
* Um sentimento de enfrentamento presente no olhar, nas palavras e no tom de voz da pessoa.

Reação de fugir

Diante de ameaça ou perigo, reais ou imaginários, o cérebro prepara o corpo para fugir quando acredita que a fuga é a melhor maneira de evitar o mal.

As características da reação de fugir incluem:

* Sentimento de inquietação, clausura e tensão.
* Pernas agitadas e cansadas.
* Movimento constante das extremidades do corpo.
* Atividade excessiva.
* Olhos dilatados e movimentando-se rapidamente.
* Grande ansiedade.
* Respiração encurtada.

Reação de congelar

Entramos no modo de congelamento quando a mente e o corpo sentem que nem a luta (reação de lutar) nem a fuga (reação de fugir) são escolhas sábias; ou, na verdade, quando simplesmente não há escolha a ser feita.

As características da "reação de congelar" podem incluir:

* Rigidez, peso ou sensação de travamento em alguma parte do corpo.
* Frio e/ou entorpecimento físico.
* Respiração presa ou encurtada.
* Sensação de medo.
* Batimento cardíaco mais lento.
* Pele mais pálida.

Reação de retrair-se

Quando nosso sistema experimentou as reações de lutar, fugir e congelar várias vezes, sem alcançar um bom resultado, podemos ser vítimas da reação ao estresse menos conhecida, chamada de "modo retrair". As pessoas que entram nesse modo geralmente passaram por situações traumáticas contínuas no passado. Segundo Patrick Walden, o primeiro pesquisador a detectar essa reação ao estresse, ela pode ser resumida como uma forma de agradar aos outros.

Algumas das características da "reação de retrair-se" são:

* Evitar conflito.
* Ter dificuldade para dizer "não".
* Cuidar dos outros e ignorar o próprio bem-estar.
* Autocensura.
* Sentir-se ressentido e usado pelos outros.
* Ansiedade social e preocupação por não se enturmar.
* Baixa autoestima.
* Medo de expressar as necessidades ou de ser visto como "um peso".

Como todas as outras reações, esta é uma forma de autoproteção. É uma reação que já ajudou muitas pessoas traumatizadas, e ainda ajuda, a enfrentar situações abusivas amenizando o estresse e fazendo-as se sentir mais seguras naquele momento. Entretanto, com o passar do tempo, também aumenta a probabilidade de censurarem os próprios pensamentos e emoções, impedindo-as de se curar ou buscar o apoio de pessoas que gostam delas.

O PROPÓSITO DE CADA REAÇÃO AO ESTRESSE

Se a sua infância foi permeada por um sólido sentimento de amor e segurança, provavelmente você experimentará as quatro reações ao estresse apresentadas. Todas elas são úteis, e virão à tona dependendo da situação em que nos encontramos:

* A reação de lutar tem relação principalmente com a autoproteção, mas não significa necessariamente que estejamos prontos para entrar em uma luta corporal; também pode indicar assertividade de forma geral e definição ou manutenção de limites firmes.
* A reação de fugir geralmente ocorre em um indivíduo sem traumas quando um conflito o coloca em perigo.
* O mesmo indivíduo pode ter a reação de congelar se outros esforços (de lutar ou fugir) forem vistos como ineficazes ou um desperdício de energia.
* Por fim, uma pessoa sem traumas sentiria que o modo retrair é útil se a assistência, a negociação e a atenção ao ponto de vista dos outros lhe parecerem o meio mais eficaz de controlar a temperatura emocional de uma situação.

Contudo, uma vítima de uma experiência traumática pode se tornar dependente de um único modo reativo ou ficar presa a ele, o que limita seu acesso aos outros modos de lidar com as situações, mantendo a pessoa desconectada de emoções desconfortáveis que estão sob a superfície da defesa escolhida.

A boa notícia é que quando você compreende sua reação-padrão contra o estresse, passa a ser capaz de reconhecê-la e tem então a oportunidade de aprender mais sobre as medidas e habilidades de sobrevivência necessárias para aumentar seu repertório.

Como no caso dos apegos, não há uma reação ao estresse que seja necessariamente melhor ou pior que as outras. Podemos, no entanto, causar mais danos a nós mesmos se ficarmos atrelados a um único modo, cometer erros de julgamento e enxergar ameaças que não existem.

SEU CORPO TEM AS MELHORES INTENÇÕES, MESMO QUE SEU MODO DE REAGIR PAREÇA DESPROPORCIONAL OU UM TANTO DISTORCIDO.

LIDANDO COM AS REAÇÕES AO ESTRESSE

Depois de identificar qual reação ao estresse (ou modo de estresse) você usa com mais frequência, o próximo passo é saber o que dá certo quando você começa a se sentir assim. O que você faz para se acalmar? O que ajuda a administrar emoções difíceis? O objetivo aqui não é evitar ou esconder os sentimentos, mas reconhecer que existem, sem sentir vergonha ou frustração. Uma emoção é apenas uma emoção. Não possui vínculo moral. Sentir ciúme, raiva ou carência não faz de você uma pessoa má, apenas evidencia sua humanidade. Sofremos por conta de nossas emoções quando tentamos evitá-las ou quando fingimos que não existem, e também quando nos ridicularizamos ou nos julgamos por senti-las.

Portanto, o fato de reconhecer um sentimento já um grande passo. Mas para onde vamos a partir daí? Podemos, enfim, começar a nos acalmar e nos autorregular, como veremos no próximo capítulo.

COMPREENDENDO A "JANELA DE TOLERÂNCIA"

Todos nos esforçamos ao máximo para lidar com a ansiedade e o estresse do cotidiano, até o momento em que não aguentamos mais. Afinal de contas, tudo tem um limite.

Todas as pessoas em algum momento atingem um ponto de não retorno, quando a mente e o corpo racionais e controlados cedem à vontade de gritar, às crises de fúria, ao desligamento total, seja com um parceiro romântico, um amigo, um irmão, os pais ou qualquer outra pessoa. Quando chegamos a esse ponto, não conseguimos mais controlar o que se passa em nosso mundo interior. Ultrapassamos o limiar de nossa "janela de tolerância".

A janela de tolerância, termo cunhado pelo dr. Dan Siegel, em 1999, descreve a zona em que uma pessoa opera melhor. Quando estamos dentro dos limites dessa janela de tolerância, somos capazes de ouvir, processar, refletir, integrar, racionalizar e reagir às demandas da vida cotidiana sem muita dificuldade. Dentro dessa zona, mente e corpo funcionam bem, e temos a capacidade de processar o que aparece no caminho sem perder o prumo.

Quando saímos da janela de tolerância, porém, por causa de um gatilho específico ou por um acúmulo de estressores menores, o corpo reage ativando os modos lutar, fugir, congelar ou retrair.

As reações de lutar e fugir podem ser categorizadas como estados de "hiperexcitação", enquanto as reações de congelar e retrair-se são estados de "hipoexcitação".

Hiperexcitação

Na hiperexcitação, estamos em alerta, prontos para reagir. Esse estado transparece externamente, por exemplo, em comportamentos como choro, gritos, bater os pés com raiva, cerrar os punhos ou ímpeto de atacar com violência.

Sinais de hiperexcitação (lutar ou fugir):

* Ansiedade.
* Raiva ou agressão.
* Explosões emocionais.
* Reatividade.
* Sufocação.
* Impulsividade.
* Comportamento controlador.
* Comportamentos ou pensamentos obsessivo-compulsivos.
* Vícios.
* Transtornos alimentares.

Hipoexcitação

Na hipoexcitação, tendemos a nos retrair e ficar isolados. Ela se manifesta quando sentimos vontade de ficar na cama o dia todo ou queremos nos desligar de todos à nossa volta. A hipoexcitação pode ser muitas vezes uma reação padrão para muitas pessoas, mas também ocorre quando alguém passa muito tempo hiperexcitado, provocando uma queda abrupta nas habilidades de reação do cérebro e do corpo.

Sinais de hipoexcitação (congelar ou retrair-se):

* Perda de memória.
* Retrair-se e/ou isolar-se.

* Dissociação.
* Depressão.
* Letargia.
* Vazio.
* Apatia
* Ligar o "piloto automático".
* Falta de expressão facial.
* Desorientação.

Qual é o tamanho de nossa janela de tolerância?

É evidente que lidamos melhor com os estressores e gatilhos diários quando estamos dentro dos limites da nossa janela de tolerância, e não quando caímos em qualquer um dos estados extremos.

Entretanto, uma experiência traumática ou uma necessidade não suprida na infância pode estreitar essa janela, reduzindo nossa capacidade de seguir o fluxo da vida e enfrentar as situações sem que elas nos sufoquem.

Você conhece alguém que tem uma conduta impecável e (talvez irritantemente) centrada? Pessoas assim costumam ter uma janela larga de tolerância, o que significa basicamente que, apesar de sentirem ansiedade, raiva e tristeza como todos nós, isso não costuma sobrecarregá-las ou sufocá-las.

Por outro lado, algo que para você soa insignificante pode transtornar outra pessoa a ponto de quase fazê-la explodir. Aos seus olhos, essa reação pode parecer desproporcional. Mas para ela faz sentido, pois aquela situação a levou a um ponto de ebulição.

Podemos traçar um paralelo entre a janela de tolerância e uma garrafa térmica na qual estamos coando café: quanto mais água quente é derramada, mais perto da superfície o café chega. Quanto mais café na garrafa, menor a quantidade de água necessária para que o líquido transborde.

Como é afetado pelo ambiente, nosso relacionamento com a janela de tolerância pode mudar em diferentes momentos da vida. Por exemplo, as pessoas permanecem dentro de sua janela de tolerância com mais facilidade quando se sentem apoiadas. Em determinados momentos, talvez você tenha uma capacidade maior de lidar com estresse, mas sente-se particularmente suscetível à tristeza de pessoas deprimidas. Em outras ocasiões, porém, você pode se sentir à vontade para lidar com as agruras dos outros, mas estremece com o som de uma voz alterada. Seu tipo de janela de tolerância hoje certamente mudará e crescerá ao longo de sua jornada de autoconhecimento.

PAUSA DE CINCO MINUTOS: VERIFIQUE SUA JANELA

Reserve um momento para observar seu nível atual de: (i) ansiedade, (ii) estresse e (iii) felicidade.

* Quais fatores aumentam mais cada emoção? Faça uma lista.
* Em que ponto da janela de tolerância você está agora?
* Que sinais, sejam eles verbais ou não verbais, mostram que você está no limite da sua janela?

UMA JANELA DE TOLERÂNCIA MAIS LARGA

Saber onde você está dentro de sua janela de tolerância é um passo importante no caminho do autoconhecimento.

Conseguir identificar sua posição ajudará na próxima parte do processo terapêutico apresentado neste livro: a implementação de técnicas que ajudarão a recuperar seu sentimento de calma e segurança interior. Essas práticas, por sua vez, ajudarão a alargar sua janela.

Uma janela mais larga não impede que a pessoa vivencie experiências como estresse, ansiedade e tristeza, infelizmente. Mas expande nossa capacidade de lidar com os desafios que a vida nos apresenta, de modo que, em vez de ficarmos à mercê de nossas emoções, possamos lidar com os estímulos e gatilhos da maneira que quisermos (o que é ótimo para eliminar aquele pensamento de "eu deveria ter dito isso!"). Para voltar ao exemplo do café, a garrafa térmica fica maior!

Lembrete importante: é bom praticar novos mecanismos de enfrentamento, conforme detalhado no próximo capítulo, nos dias bons, quando você não se sente sufocado ou desconectado. Assim, quando passar por um momento difícil ou um dia ruim, você já terá estabelecido as fundações e desenvolvido a capacidade de acessar práticas que proporcionam uma sensação de calma e conexão.

Nem todas as práticas de autorregulação servem para você, mas isso não é um problema. Veja quais lhe interessam e esqueça as outras. Quanto maior a regularidade de execução das práticas escolhidas, maior será sua capacidade de compreender suas reações e administrá-las, mais racionalmente você lidará com emoções difíceis, e melhor estabelecidos esses caminhos positivos se tornarão em seu cérebro.

Aprender como passar de fora para dentro da sua janela pode ser uma ferramenta poderosa para não só construir sua capacidade de autorregulação, mas também fazê-lo se sentir mais confortável em seu corpo e confiante em suas habilidades para navegar pelo terreno emocional de seus relacionamentos.

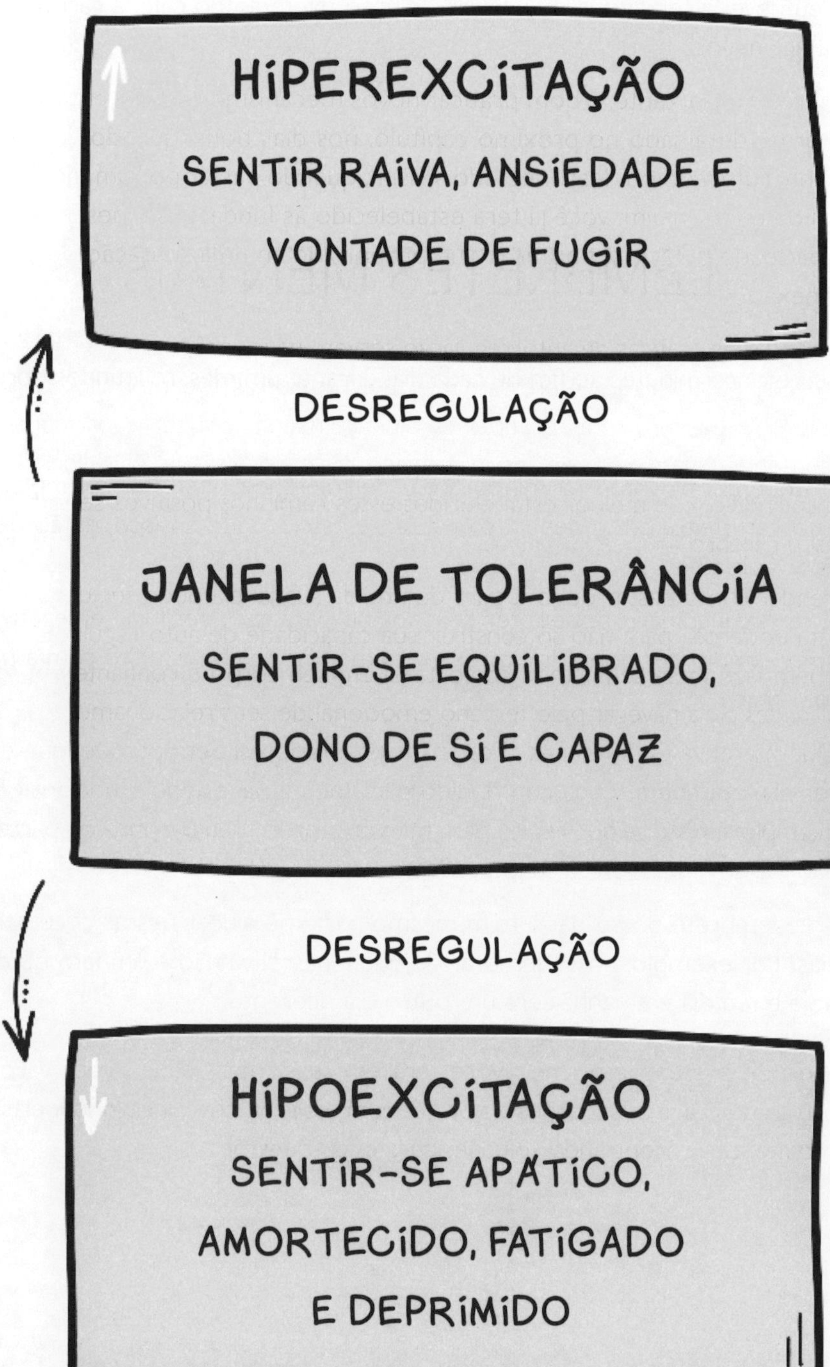
HIPEREXCITAÇÃO
SENTIR RAIVA, ANSIEDADE E VONTADE DE FUGIR
DESREGULAÇÃO
JANELA DE TOLERÂNCIA
SENTIR-SE EQUILIBRADO, DONO DE SI E CAPAZ
DESREGULAÇÃO
HIPOEXCITAÇÃO
SENTIR-SE APÁTICO, AMORTECIDO, FATIGADO E DEPRIMIDO

LEMBRETES MENTAIS

Reserve cinco minutos ao fim de cada dia, durante um mês, refletindo sobre o seguinte:

* Em que ponto estou na minha janela de tolerância hoje? Por exemplo: se estou satisfeito, estou dentro da janela; se estou muito ansioso, então devo estar acima dela.
* Que circunstâncias podem ter contribuído para isso, positivas e negativas? Por exemplo: ter dormido bem, um dia monótono, um conflito com a pessoa amada.
* Que narrativa eu atribuí às circunstâncias anteriores? Será possível que essa narrativa também tenha contribuído para meu atual estado emocional? Por exemplo: a história que repito para mim mesmo é: meu parceiro ou parceira não me ama mais, estou sendo subestimado...
* Que lembrete posso dar a mim mesmo para me ajudar nessas circunstâncias? Por exemplo: posso lembrar de que a narrativa não é um fato ou que hoje é um dia e amanhã será um outro dia diferente.

Depois de passado esse mês, você terá em suas mãos informações valiosas sobre como reage às situações e por que tem essas reações, incluindo ideias de como avançar, encontrando soluções para essas questões.

5.

Autorregulação

COMO TRANQUILIZAR A SI MESMO

"A questão não é se sentir melhor,
e sim ser melhor na arte de sentir." - *Gabor Maté*

Você se autodescreveria como perfeccionista? Em momentos de raiva, você reage de forma inflamada ou de forma consciente, ponderada? Talvez se retraia totalmente? Recorre à comida, ao álcool ou a outras substâncias em momentos de grande estresse? Costuma sentir muita vergonha? Se a resposta for sim, provavelmente as informações neste capítulo lhe serão úteis. Não foi uma tarefa fácil para mim desenvolver a autorregulação. Se, assim como eu, você já enfrentou ansiedade frequente ou problemas como os mencionados anteriormente, talvez suas habilidades de regulação precisem de cuidado e atenção.

O QUE É, ENFIM, AUTORREGULAÇÃO?

Autorregulação, mais especificamente a autorregulação emocional, é a habilidade de reduzir a intensidade das emoções e retornar para a "janela de tolerância" apresentada no capítulo anterior.

Normalmente aprendemos a fazer isso com nossos pais ou cuidadores, em um processo interativo chamado de corregulação. Ocorre quando um adulto oferece um ambiente emocionalmente seguro à criança, atende às suas necessidades e demonstra autorregulação no *próprio* comportamento.

Na infância, as crianças precisam que os adultos preencham uma grande parte de suas necessidades regulatórias, tais como alimentação, limpeza e administração de seus estímulos ambientais. Os bebês também contam com seus cuidadores para que estejam atentos aos sinais emocionais e os tranquilizem em momentos de estresse. À medida que crescem, as pessoas mantêm certos aspectos dessa necessidade de corregulação, principalmente no período caótico da adolescência. Portanto, a corregulação eficiente prepara a pessoa para lidar com uma gama de emoções intensas que experimentará por toda a vida.

Infelizmente, porém, nem todos recebem uma corregulação ideal na infância. E, ao contrário das crianças, que são vistas como "ainda aprendendo", espera-se que os adultos simplesmente saibam como se comportar de maneira adequada.

Assim, mesmo que nosso modelo de autorregulação não tenha sido saudável no começo da vida, espera-se que saibamos lidar com a ansiedade, a raiva e todas as outras emoções de uma maneira não apenas socialmente aceitável, mas também benéfica para nosso bem-estar e nossos relacionamentos.

COMO E QUANDO SE AUTORREGULAR

A boa notícia é que nunca é tarde demais para desenvolver a capacidade de lidar com emoções difíceis. Na ausência de um modelo anterior, há muitos exercícios práticos para estimular a autorregulação.

No capítulo anterior, vimos que, quando saímos da janela de tolerância, a tendência é cairmos em estados de hiperexcitação e/ou hipoexcitação. Cada um desses estados demanda um tipo diferente de abordagem para ajudar em sua regulação:

* No caso da hiperexcitação, precisamos de meios para regular no sentido de desacelerar.
* No caso da hipoexcitação, precisamos de meios para estimular uma dose saudável de ansiedade (sim, isso existe!) ou excitação.

Você notará uma seta ao lado de cada uma das práticas apresentadas neste capítulo. As práticas que trazem setas apontando para baixo são úteis para os momentos exacerbados, quando há necessidade de regulação no sentido da desaceleração. As práticas acompanhadas de setas que apontam para cima servem para os momentos em que nos sentimos para baixo e precisamos de estímulos. As práticas acompanhadas de setas para cima e para baixo podem ser eficazes nos dois contextos. Compete a nós reconhecer o que é necessário e implementar as práticas mais relevantes no dia a dia.

As pessoas com um sentido bem fundamentado do *self* também são propensas a notar sinais internos, tais como pensamentos em espiral, as armadilhas de pensamento discutidas no Capítulo 3, respiração curta, dores de estômago e todos os outros "sintomas". Assim como qualquer sintoma, quando detectamos estes, podemos tomar as providências que, sabemos por experiência, ajudarão a impedir que esses sentimentos se intensifiquem.

Entretanto, se a corregulação não nos foi ensinada quando crianças, talvez tenhamos desenvolvido, na idade adulta, meios de regulação que tornam nossa carga emocional mais pesada em vez de aliviá-la, como, por exemplo, estar sempre ocupado, comprometimento e trabalho excessivos, procrastinação ou até o uso de substâncias para reduzir a pressão ou para ficarmos amortecidos. No curto prazo, pode parecer que essas técnicas não são prejudiciais, mas, com o passar do tempo, ficaremos mais ansiosos e estressados que antes. Assim, desenvolver a capacidade de uma autorregulação saudável é extremamente importante para o bem-estar mental.

Nosso corpo sabe, por instinto, a importância da autorregulação. Eis alguns meios usados pelo corpo intuitivamente para se recuperar do estresse e da tensão:

* Choro
* Riso
* Riso histérico
* Tremor
* Suspiro
* Reviravoltas no estômago
* Ondas de calor e/ou calafrios
* Suor
* Formigamento
* Bocejos
* Respiração mais profunda

QUANDO ESTAMOS "DESREGULADOS", AUMENTA O RISCO DE SACRIFICARMOS NOSSOS LIMITES E DIZERMOS "SIM" QUANDO QUEREMOS DIZER "NÃO".

Para regular nosso bem-estar emocional, precisamos antes ter consciência de nosso estado emocional e de nossas reações aos estímulos. Essa é a base da autorregulação. Quando nos conhecemos melhor, temos a habilidade para refletir e escolher um caminho que nos pareça apropriado. Infelizmente, muitas vezes descobrimos que o caminho certo raramente é o mais confortável.

Quando estamos "desregulados", aumenta o risco de sacrificarmos nossos limites e dizermos "sim" quando queremos dizer "não". Somos mais propensos a sentir a influência dos velhos padrões e dos mecanismos de enfrentamento.

Por outro lado, quando estamos regulados, podemos enfrentar a influência dos velhos padrões e outros semelhantes com mais energia, permanecendo com aquilo que pensamos ou sabemos que é verdadeiro e autêntico para nós.

Mas nem sempre é fácil permanecer fiel à nossa verdade. De um modo geral, precisamos ter muita atenção, principalmente no começo de nossa jornada, mas também diante de uma energia oposta de alguém que amamos.

Além disso, quando um dos nossos gatilhos é ativado ou temos dificuldade em desembaraçar partes difíceis de nossas experiências de vida, aproximamo-nos cada vez mais dos limites da nossa janela de tolerância e, às vezes, saímos dela. Daí a necessidade de um apoio emocional e físico cada vez mais forte.

Para cuidarmos de nossas partes ainda não curadas, devemos encontrar segurança em nosso íntimo. Isso não significa necessariamente um lugar de conforto; segurança significa saber que podemos nos acalmar quando isso é necessário, que podemos contar conosco para suprir muitas de nossas necessidades, tanto físicas quanto emocionais.

PRÁTICAS DE AUTORREGULAÇÃO

Nas páginas seguintes, você encontrará uma série de práticas de autorregulação, incluindo uma vasta gama de práticas de aterramento (como trabalho de respiração e técnicas sensoriais, entre outras) e rituais criativos. Algumas dessas práticas são apropriadas para a desaceleração (menos) e outras para o estímulo (mais).

Objetivamente, as práticas de desaceleração acalmam, focalizam e dão base, enquanto as práticas de estímulo costumam envolver alguma forma de movimento e de criatividade.

Tenha em mente que, como mencionei no final do capítulo anterior, para pessoas com histórico de trauma, direcionar atenção à experiência interior do corpo sem a orientação de um profissional de saúde qualificado – através do trabalho de respiração ou exercício sensorial, por exemplo – pode causar mais danos que benefícios. Caso você acredite que esse seja o seu caso, considere procurar o apoio de um profissional para esse tipo de trabalho.

No decorrer da leitura, porém, você perceberá que muitas opções de exercícios ajudam a criar uma sensação de calma, como, por exemplo, as diretrizes da atenção plena (*mindfulness*) básica, na qual você simplesmente observa o ambiente à sua volta e a variedade de impulsos criativos.

Lembrete importante: a autorregulação não significa se sentar imóvel e em silêncio! Tampouco precisa ser feita a sós. Estar na presença de pessoas com quem nos sentimos seguros e regulados nos ajuda a regular também o estresse. Portanto, procure a assistência dos outros, se precisar.

E, como sempre, permita que sua prática cresça, se mova, se aprofunde e mude ao longo do seu progresso.

PRÁTICAS DE ATERRAMENTO

As práticas de aterramento apresentadas nas próximas páginas são úteis a qualquer momento do seu dia, mas têm um valor especial quando você se sente ansioso, estressado, sufocado, aéreo, desligado, zangado, em pânico ou absorto em pensamentos, comportamentos, sentimentos ou lembranças preocupantes.

Elas também podem ajudá-lo a se afastar de recordações de experiências passadas e trazê-lo para a segurança do aqui e agora. Assim, essas técnicas são muito úteis em situações em que você fica preso a armadilhas do pensamento, vivencia *flashbacks* ou acorda de um sonho angustiante.

Durante os exercícios de aterramento apresentados a seguir, você deve manter os olhos abertos, exceto nos casos em que haja alguma orientação contrária, e verificar regularmente como estão seus sentidos. Seu corpo é o seu maior portal de conexão com o momento presente.

As práticas podem ser realizadas em qualquer lugar em que você se sinta seguro e confortável, embora algumas pessoas prefiram praticar em espaços silenciosos, sem a interferência de perturbações externas.

Dedique o tempo que você tiver, ou que for possível, para cada prática escolhida. Ainda que tenha apenas alguns poucos minutos disponíveis para o exercício, uma prática regular fará com que você logo comece a perceber as diferenças.

Uma prática que funciona para uma pessoa muitas vezes não será eficiente para outra. Por isso, estude todas as técnicas apresentadas e marque as que mais lhe chamarem a atenção ou que você sentir que podem ser boas para você. Depois, experimente-as para ver o que acontece.

Como vimos no capítulo anterior, é recomendável praticar as técnicas mesmo que você *não esteja vivenciando* nenhum estresse específico no momento, pois a intimidade com as práticas vai torná-las mais acessíveis caso sejam necessárias para ajudá-lo em momentos de dificuldade.

Envolva-se o mais profundamente possível com a prática escolhida. O grau de envolvimento vai variar, é claro, e isso é normal. Deixe fluir. Termine a prática direcionando a consciência de volta à segurança do presente, à sala em que você está, aos sons, às cores, ao ambiente, esperando alguns minutos para se preparar para o resto do dia.

Técnica dos sentidos 5-4-3-2-1

Com esse exercício de aterramento conhecido como 5-4-3-2-1, você coleta conscientemente detalhes do ambiente ao seu redor usando sentidos que às vezes ignora ou desliga, o que permite uma conexão mais saudável e mais atenta com o ambiente.

1. Respire fundo e demoradamente uma vez.
2. Observe e diga o nome de cinco coisas que vê ao seu redor.
3. Observe e diga o nome de quatro coisas que consegue tocar ao seu redor.
4. Observe e diga o nome de três coisas que ouve fora de seu corpo.

5. Observe e diga o nome de dois cheiros que está sentindo.
6. Observe e diga o nome de um gosto que está sentindo.

Técnica de respiração 4-4-4

A técnica de respiração 4-4-4 é um método rápido e fácil para acalmar a mente e o corpo em momentos de preocupação e ansiedade.

1. Coloque os pés no chão e endireite as costas.
2. Inale o ar, contando lentamente de 1 a 4.
3. Segure a respiração, novamente contando de 1 a 4.
4. Exale o ar, na mesma contagem até 4.
5. Repita a prática por 2 minutos.

Técnicas sensoriais

Focar a fisicalidade dos sentidos nos conduz ao momento presente, principalmente quando concentramos nossa atenção neles, um por um. Por exemplo, quantas vezes na nossa rotina olhamos para uma coisa enquanto seguramos ou tocamos outra, ou escutamos um *podcast* enquanto, ao mesmo tempo, comemos algo? Costumamos usar sentidos como coadjuvantes na vida, e as práticas a seguir nos permitem vê-los como protagonistas.

Práticas com a visão

Temos a seguir três práticas interessantes relacionadas à visão que podem ajudá-lo a permanecer no aqui e agora, quando necessário. Escolha aquela que lhe parecer mais adequada e procure praticá-la uma vez por dia.

* Permita que os olhos e a concentração se acalmem. Inale e siga o rumo da respiração. Observe o ar entrando pelo nariz e descendo até os pulmões. Ao exalar, acompanhe o ar deixando o corpo. Observe ele saindo dos pulmões e passando pelo nariz e pela boca. Fique cinco minutos acompanhando a respiração dessa maneira, tomando real consciência desse incrível mecanismo do seu corpo.

* Olhe para os objetos ao seu redor, no ambiente em que você está, tais como enfeites, quadros, tecidos e móveis. Escolha um objeto e concentre sua atenção nele. Observe-o bem e descreva-o em detalhes, mentalmente. Note as cores, as texturas, as formas, os padrões etc. Observe se isso muda seu sentimento em relação ao objeto observado e ao espaço onde você está.
* Sentado ou de pé, simplesmente olhe para seus pés. Comece com a atenção na parte mais baixa dos tornozelos, passando lentamente para a parte mais baixa dos pés, depois subindo e, por fim, até os dedos. Preste muita atenção a cada área por vez, e note quaisquer sensações.

Práticas com a audição

Veja a seguir duas práticas baseadas na audição que servem para nos ancorar no aqui e agora. Escolha aquela que lhe parecer mais adequada e procure praticá-la uma vez por dia.

* Coloque para tocar uma música que lhe agrade. Sentado ou de pé, simplesmente escute-a e concentre-se nela à medida que ela o envolve. Caso sinta um impulso de fazer outra coisa, como olhar para a janela ou pegar o celular, delicadamente traga a atenção de volta para o som. O que você percebe no seu corpo enquanto escuta a música? Aproveite o tempo de execução da faixa para simplesmente "estar" lá.
* Experimente a Resposta Sensorial Autônoma do Meridiano (ASMR, na sigla em inglês). Não se preocupe se nunca ouviu falar disso. Você não é o único. Ela costuma ser descrita como a sensação de formigamento (ou "massagem no cérebro") que às vezes sentimos no couro cabeludo, no pescoço, nas costas e nos braços como reação a gatilhos audiovisuais, tais como sussurros, coceira e tamborilar dos dedos.

As pesquisas mostram que aproximadamente 20% da população mundial sente a ASMR de forma intensa. Procure informações sobre isso na internet e faça sua análise; se um estilo de ASMR não der certo para você, experimente outros. Embora as pesquisas científicas ainda sejam muito recentes, o *feedback* reunido até agora indica que ela pode ajudar de uma maneira extraordinária no relaxamento, no alívio do estresse e na insônia.

Práticas com o olfato

Veja a seguir duas práticas interessantes baseadas no olfato que podem ajudá-lo a concentrar-se no momento presente quando sentir necessidade. Escolha aquela que lhe parecer mais adequada e procure praticá-la uma vez por dia.

* Escolha uma vela aromática que lhe agrade. Se você gosta de aromas de terra como musgo ou turfa, ou se prefere o perfume de lavanda ou capim-limão, use a que achar mais agradável. Procure um espaço tranquilo, sente-se e acenda a vela. Observe quando a cera começar a derreter. Note o cheiro chegando até você. É constante? Oscila? Como você o descreveria?
* Escolha um livro que tenha um significado especial para você e cheire suas páginas. Respire, atento ao aroma do papel. Como é esse cheiro? O que você sente no corpo ao fazer isso? O processo funciona tanto com livros velhos quanto com novos; use o que estiver ao seu alcance.

Prática com o paladar

Veja a seguir uma prática intensa baseada no paladar que pode ajudá-lo a se concentrar no momento presente. Tempo a sós + chocolate = exercício de aterramento que me faz bem. Vamos lá:

1. Escolha um chocolate e procure um lugar tranquilo e confortável (longe de parentes chocólatras e espertinhos!).
2. Pegue um pedaço do chocolate.
3. Respire durante alguns momentos, ciente de como é sentir-se no aqui e agora.
4. Concentre a atenção no pedaço de chocolate em sua mão. Veja a forma, a cor e suas reações a ele.
5. Erga-o até o nariz e perceba que aroma detecta primeiro. É mais forte que o esperado? É sutil?
6. Observe se você sente o impulso de comer tudo de uma vez e, delicadamente, volte a atenção ao pedaço que está na sua mão. Saiba que o resto do chocolate está lá, à sua disposição, se quiser; mas, neste momento, você deve se concentrar apenas nesse pedaço, com o objetivo de focar o aqui e agora.

7. Coloque o pedaço de chocolate na boca e sinta o gosto, os sabores que surgem dele. Mantenha-o na boca pelo maior tempo possível, percebendo como ele derrete, explorando e apreciando a textura e o sabor.
8. Quando acabar, concentre-se de novo no sentido do paladar. Qual é a intensidade do sabor do chocolate agora?
9. Concentre-se novamente na sua respiração e no seu corpo. Fique assim, ciente do que está sentindo. Essa sensação é diferente daquela que você que estava sentindo no começo da prática?

Práticas com o tato

A seguir apresento algumas práticas baseadas no tato que podem ajudá-lo a viver o momento atual mais plenamente quando sentir que isso seja necessário. Escolha aquela que lhe parecer mais adequada e procure praticá-la uma vez por dia.

* Toque um objeto perto de você. Consegue pegá-lo? Se conseguir, sinta o peso do objeto. E a temperatura? Ele está quente ou frio? Ou varia? Note a textura. Você consegue detectar detalhes específicos? Após observar e explorar o objeto plenamente, ponha-o de volta onde o encontrou, notando quaisquer emoções ou sensações que tenham surgido durante o processo.
* Pegue um cubo de gelo e segure-o. Qual é a sensação no começo? Está frio, claro, mas o que mais você percebe? Quanto tempo leva para o cubo derreter? A sensação do toque muda quando o gelo começa a se liquefazer? A sensação é a mesma em toda a área da sua mão? Concentre-se na temperatura e no que sente nas pontas dos dedos; depois, nas costas da mão e, por fim, na palma. Segurar um cubo de gelo nas mãos é um modo rápido e eficaz de trazer a percepção de volta ao momento presente, pois o frio do gelo exige atenção concentrada.
* Coloque as mãos em uma bacia com água fria e note o que sente. Se você se sentir confortável fazendo isso, alterne entre essa água fria e um pouco de água morna, percebendo a diferença das sensações suscitadas nas duas experiências.

A técnica *tapping*

Às vezes, quando estamos em um estado de hipoexcitação (ver Capítulo 4), precisamos de uma técnica de aterramento que nos desperte, injetando percepção e vitalidade no corpo. Uma técnica chamada *tapping* (também conhecida como EFT, sigla em inglês para Técnica de Liberação Emocional) é um método simples e eficiente que pode ser usado a qualquer hora.

Veja a seguir um exercício de *tapping* cujo objetivo é levar essa percepção maior no corpo inteiro:

1. Comece dando leves batidas nas costas da mão esquerda com a palma e os dedos da mão direita, com gestos firmes, porém, delicados, em um ritmo de aproximadamente dois toques por segundo. Isso não precisa ser exato, pois é apenas uma tentativa de transmitir o ritmo das batidas, o que deve ser o seu objetivo.
2. Quando captar um ritmo, comece o processo de passar 30 segundos dando as batidinhas sobre cada uma das principais regiões do corpo, uma por vez. Depois dos primeiros 30 segundos batendo na mão esquerda, passe para o antebraço, tamborilando primeiro a parte de cima, e em seguida a de baixo. Siga o mesmo procedimento com o braço.
3. Na sequência, passe para o ombro esquerdo, o lado esquerdo do peito e prossiga descendo até o lado esquerdo do tronco; use a mão esquerda para tamborilar a parte traseira do tronco, com a *direita* ao mesmo tempo tamborilando a parte dianteira.
4. Desça pelo lado esquerdo do corpo: cintura, quadril, nádega, coxa, panturrilha e pé.
5. Quando terminar o lado esquerdo, fique de pé e perceba o que está sentindo. O lado esquerdo tem alguma sensação diferente do lado direito? Em caso afirmativo, como é? Que sensações estão presentes no lado esquerdo? E no direito? Que palavras você usaria para descrever o que sente em cada um dos lados?
6. Por um momento, observe as sensações do corpo, e, quando estiver pronto, recomece todo o processo do lado direito, usando a mão esquerda.
7. Após tamborilar o lado direito do corpo, fique de pé e perceba quais sensações estão presentes no seu corpo.

PAUSA DE CINCO MINUTOS:
O QUE SIGNIFICA "CALMA" PARA VOCÊ

Responda a estas perguntas:

* Qual o significado da ideia de "calma" para mim?
* Como é a sensação de calma para mim?
* Que cores, imagens, sabores e sensações me vêm à mente quando penso em estar calmo?

Anote suas respostas no seu diário ou no celular, ou onde for mais prático para você.

PRÁTICA DA ATENÇÃO PLENA (*MINDFULNESS*)

Não é coincidência o fato de que todas as práticas de aterramento apresentadas até agora incorporem a prática de atenção plena (*mindfulness*). Um dos propósitos vitais da atenção plena é acentuar a percepção da vida que se desenrola ao seu redor.

Algumas pessoas podem ter certa resistência à expressão "*mindfulness*", o que é compreensível, diante do grande foco na prática em anos recentes e no subsequente uso exagerado do termo.

Se você encara a atenção plena com ceticismo, não precisa se preocupar! Eu tinha uma visão semelhante quando era uma estudante de psicoterapia, e, quando confessei isso à minha professora de técnicas, ela disse o seguinte: "Ótimo! Adoro quando isso acontece. Com o tempo, você se beneficiará ainda mais por conta disso". Assenti, educada, mas não confiei na resposta. Não foi uma grande surpresa, porém (posso dizer isso hoje), quando descobri que ela estava totalmente certa. O que a princípio me parecera uma alternativa um tanto "babaca" ou "tolinha", é hoje uma prática preciosa a que recorro todos os dias.

Atenção plena não é:

* Ausência total de pensamentos ou a tentativa de alcançar um estado mental vazio.
* Uma tentativa de se livrar de experiências indesejáveis.
* Nunca se distrair.
* Focar o positivo e ignorar o desconforto.
* Algo só alcançável por meio da meditação e da mudança de estilo de vida.

Atenção plena é:

* Tornar-se ciente de quais emoções, sensações e pensamentos estão presentes.
* Viver o momento presente como ele é.
* Realinhar, de modo delicado e consciente, a mente quando (não "se") ela se distrair.
* Uma maneira de desenvolver nossa capacidade de "estar" com as emoções desconfortáveis.
* Um passo no sentido de aceitar as coisas como são, não como gostaríamos que fossem.

Por exemplo, no momento em que escrevo estas linhas, estou ao ar livre. É uma manhã ensolarada de quarta-feira. O céu está azul, sopra uma brisa leve e voam pássaros em formação em torno de uma torre neste dia tranquilo no coração da cidade de Dublin. Já sinto que este momento me revigorou de ontem e me sustenta para o resto do dia. Assim é a atenção plena: viver o momento presente, compreender os sentidos, o corpo e a respiração pelo que são e que sentimentos vêm deles, neste momento.

Não há um jeito certo ou errado de praticar. O objetivo não é se sentar para fazer um exercício de atenção plena sem distrações. O propósito é observar e gentilmente focar o presente quando a mente se distrair (note que digo "quando" a mente se distrair, não "se", pois distrair-se é inevitável para todos nós!).

PAUSA DE CINCO MINUTOS: *MINDFULNESS* (ATENÇÃO PLENA) COM ESTE LIVRO

Você consegue usar este livro como objeto da prática de *mindfulness*, agora que sabe o que significa o conceito? Coloque o livro no colo, continue lendo e dê um tempo para sentir a experiência do momento presente, a cada respiração, se achar que é seguro fazer isso. E então, como se sente?

↓ *Envolva-se com o som*

1. Procure um local confortável e feche os olhos devagar. Se for mais confortável para você, apenas olhe para baixo e mantenha um foco suave.
2. Sintonize-se com os sons à sua volta. Deixe-os penetrar sua consciência. Se estiver dentro de casa, preste atenção aos ruídos no ambiente, por exemplo, o som de um relógio, uma porta rangendo, passos na sala ao lado. E atente também para os ruídos externos. Talvez o som do trânsito, dos pássaros, de pessoas conversando, a brisa ou chuva contra a janela. Sem se apegar a nenhum som específico, simplesmente note cada um deles e deixe-os passar. Neste momento, você só precisa ser um observador de sons.
3. Talvez você sinta a mente vagar, ou se fixar em certos sons, entrelaçando-se à história do som. Se notar isso, volte gentilmente, sem julgar, apenas notando o fato e não se prendendo. Use o tempo que quiser.

⇅ *Um convite ao meu* **"Self"**

Hoje em dia, raramente conseguimos dedicar toda a nossa atenção a uma tarefa, pois há tanto o que fazer e tantas funções a desempenhar. Uma prática que gosto de fazer com meus clientes se chama "Um convite ao meu *self*":

1. Procure um local tranquilo para se sentar, ou ponha os fones de ouvido com alguma música de meditação, alguma música relaxante de que você goste. Quando se sentir à vontade, feche os olhos ou olhe para baixo, mantendo um foco suave.

2. Acompanhe a respiração. Até onde ela vai?
3. Respire fundo uma vez e sinta o abdômen expandir e o peito subir.
4. Após observar, sentado, a inalação e exalação do ar por um minuto, note para onde foi sua mente.
5. Agora, delicadamente, peça às diversas partes de seu *self* que se esqueçam das suas muitas obrigações e funções e fiquem no momento presente. Talvez algumas partes de sua mente estejam ocupadas com trabalho, ou pensando no trajeto entre o trabalho e a volta para casa ou em algo que você precisa fazer mais tarde, ou ainda no cardápio para o jantar, ou aonde levar as crianças no fim de semana, ou até mesmo nos programas da TV hoje à noite.
6. Reconheça cada parte e convide todas elas para entrar no aqui e agora, sabendo que poderão retornar aos seus devidos lugares logo. Algumas partes vêm de boa vontade? Outras relutam em abandonar suas funções por um momento? Evite julgamentos ou críticas; simplesmente convide e observe.
7. Fique assim durante alguns momentos, e, quando se sentir pronto, abra os olhos devagar.

Um ritual do chá

"Não tenho tempo" e "Estou muito ocupada" são frases que eu já disse tantas vezes. Costumava sentir que não tinha espaço no dia para desacelerar e dar a mim mesma um tempo, tudo por causa disso ou daquilo ou do temível aquilo outro (embora conseguisse reservar algumas horas para grudar na barra de rolagem do celular todas as noites).

Sem um tempo para mim, acabava ficando desregulada, o estresse crescia e, além disso, aumentava a possibilidade de eu estourar com qualquer pessoa próxima por coisas banais.

Certa noite, enquanto eu reclamava da minha falta de tempo para estudar, uma colega querida, porém muito direta, me disse: "Como você não tem tempo, se toma quatro xícaras de chá toda manhã?".

Era uma provação meio brincalhona, mas captei a mensagem muito bem. Eu *tinha* tempo, sim. Apenas não o usava da maneira correta. Vivia à deriva, enredada na história do que "deveria" fazer, em vez de me concentrar naquilo que era necessário.

Um jeito simples de acrescentar intencionalmente à minha vida mais presença, lentidão e calma foi criar um ritual do chá. Fazer chá é uma daquelas atividades que geralmente deixamos no piloto automático. Pense nisso.

Você se recorda da última vez que pôs uma chaleira para ferver? A partir daquele momento, do que mais se lembra? Se você for como eu, sua mente está logo pensando nas coisas que precisa fazer naquela manhã, ou no que já fez, o que resta na lista de coisas a fazer, ou aquelas palavras embaraçosas que disse dez anos atrás; ou talvez se pergunte que petiscos vai beliscar com o chá.

Mas fazer e beber o chá com atenção plena é uma prática meditativa humilde, acessível a todos nós: uma atividade cotidiana trivial, cuja natureza pode mudar completamente se for feita com atenção plena. E não se preocupe se o chá não for sua bebida favorita; pode escolher café, infusão de ervas, chocolate quente ou qualquer outra bebida que siga o mesmo processo. Veja como pode criar um ritual fundamental desse ato simples:

1. Coloque a chaleira para ferver e apenas esteja presente. Se notar que se formam outros pensamentos ou distrações, volte a atenção devagar para o que está acontecendo no momento presente. Você não tem outra coisa para fazer agora. Não precisa estar em outro local.
2. Ponha o saquinho de chá em sua caneca favorita.
3. Quando a água ferver, despeje-a sobre o saquinho. Ouça o som da água cobrindo o chá, enchendo a xícara.
4. Observe como o saquinho de chá começa a expandir e se espalhar na água.
5. Veja a cor da água: houve alguma mudança? Você sabe dizer o nome dessa cor?
6. Note as formas que surgem do vapor na caneca.
7. Procure um lugar tranquilo e confortável para se sentar com seu chá.
8. Respire fundo pelo nariz e expire pela boca. Imagine a respiração descer até os pés e, quando expirar, visualize todo o estresse e a tensão saindo de seu corpo.

9. Sinta a xícara sob os dedos. O que percebe? É lisa ou áspera?

10. Segure a xícara perto do nariz. Sente o aroma? Você não precisa ser uma pessoa apaixonada por chá nem um *sommelier* da bebida. Tudo bem se não detectar os toques sutis de jasmim e tabaco. Apenas note o que está lá. O cheiro é doce? É de terra? Floral?

11. Sinta o toque da xícara nos lábios e aproveite o gosto do chá ao tomar o primeiro gole. A cada gole, sinta o calor enquanto o chá desce da boca para a garganta e até o estômago.

12. Agora descanse, absorvendo e saboreando cada gole e a experiência dos sentidos nesse momento.

↓ *Enrolar-se no cobertor*

Esse modo simples e eficaz de conforto é um grande sucesso entre os meus clientes, e você entenderá por quê! Se quiser, pode programar um alarme suave no celular para tocar em 15 minutos, mas use o tempo que preferir.

1. Em posição deitada ou sentada, em silêncio e com conforto, enrole-se em um cobertor ou edredom.

2. Enquanto está enrolado em seu cobertor, preste atenção ao que está fazendo e à sensação aconchegante de seu casulo.

3. Se a mente extraviar ou surgirem pensamentos, não lute com eles. Apenas dirija sua percepção delicadamente de volta ao momento presente, ao toque do cobertor ou edredom, e à sensação de estar protegido em um refúgio seguro.

↓ *Gratidão*

Muitos estudos recentes mostram que incorporar uma atitude de gratidão no dia a dia ajuda a reduzir o estresse, melhorar a saúde e nos orientar para coisas positivas da vida que, sem a gratidão, podem ser facilmente ignoradas na correria da rotina.

1. Procure um local tranquilo e confortável, onde você possa se sentar, refletir e escrever em um diário ou em um caderno.

2. Passe algum tempo pensando nas coisas pelas quais sente gratidão hoje. Pode ser algo como o clima, um dia de folga, sua saúde, amigos... Os itens da lista podem ser gerais ou específicos, como você preferir.

3. Tente incluir pelo menos uma coisa que aconteceu hoje. Pode ser a alegria do primeiro gole de café a tocar sua alma logo de manhã ou a brisa atravessando seus dedos enquanto você voltava para casa, à noitinha. Pense nos detalhes da experiência e anote-os.

4. Agora leia o que escreveu e agradeça intimamente a cada uma das experiências listadas por fazerem parte de sua vida hoje. Sinta-se à vontade para pôr a mão sobre o coração, se quiser.

5. Ao terminar, focalize o momento presente. Como é a sensação de estar onde está, praticando gratidão? O que percebe no corpo? Respire fundo e, por um momento, não faça nada além de ficar sentado e sentir gratidão.

RITUAIS CRIATIVOS

Outra maneira de não apenas se tranquilizar e se autorregular, mas também de se libertar de pensamentos e emoções, é desenhar, pintar ou escrever.

E não se preocupe se você não é um Picasso nem um Shakespeare! As práticas criativas podem se tornar uma libertação maravilhosa, sejam quais forem nossas habilidades artísticas! Não há regras para o ritmo da caneta ou o toque do pincel. Portanto, não pense demais antes de começar. Na verdade, quanto menos pensar, melhor. Simplesmente permita-se mergulhar nas práticas criativas explicadas a seguir e saiba que qualquer mensagem interior que houver ali ficará evidente quando você estiver pronto para vê-la.

↑ De volta para o futuro

Pegue uma caneta e escreva uma carta do "você do futuro" daqui a dois anos para a pessoa que você é hoje. Escreva sobre sua vida na época futura com a maior quantidade de detalhes possível. Inclua informações sobre as pessoas à sua volta, as coisas que fez, as esperanças que se tornaram realidade, e sobre como é viver como seu "eu" verdadeiro. O que acontece no decorrer do dia?

ESTE É UM
DELICADO
LEMBRETE PARA
VOCÊ CITAR
UMA COISA,
NESTE MOMENTO,
PELA QUAL SE
SENTE GRATO.

Quais são as sensações? Que bons conselhos o você do futuro pode oferecer ao você do presente?

Inspiração do céu

Às vezes, quando queremos restaurar nossa energia e nos reequilibrar, precisamos de uma dose saudável de escapismo e fantasia. Sonhar acordado e contar histórias são distrações valiosas, que constituem uma atividade humana essencial que pode nos fazer sentir vibrantes, engajados e centrados.

Em vez de assistir a algum programa de TV, pegue papel e caneta, ou um *laptop*, e veja até onde sua corrente de pensamentos o leva se você seguir uma das dicas para começar uma redação baseadas no céu apresentadas a seguir. Tente não pensar demais. Apenas deixe-se surpreender.

* *O céu noturno estava vivo...*
* *Os vestígios do sol de verão foram sumindo de vista...*
* *O sol nasceu, previsível, não dando o menor sinal de que hoje seria o dia que vinha esperando chegar...*

Criar uma pedra de toque

Pode ser algo muito poderoso manter ao nosso lado um objeto que represente um sentimento de calma e nos lembre de respirar quando nos sentirmos sufocados ou ansiosos. E será melhor ainda se você puder criar algo pessoal. Vejamos, então, como confeccionar nossas "pedras de toque".

1. Respire fundo uma vez, segure e expire. Como é a sensação da exalação profunda? Que símbolo, imagem ou cor lhe ocorre quando você expira profundamente? Talvez seja uma imagem do mar, um livro, o sol, uma cadeira...?
2. Com os recursos que você tiver à sua disposição (tinta, lápis de cor, carvão, giz de cera...), faça um desenho desse símbolo ou imagem; pode ser simples ou detalhado. Use o tempo que quiser.

3. Após concluir a imagem, coloque-a em algum lugar de fácil acesso para poder vê-la várias vezes por dia.
4. Cada vez que olhar para ela, essa imagem será um convite para você se acalmar e se centrar; será uma pedra de toque para os momentos estressantes que possam surgir. Um lembrete discreto para inalar, segurar e exalar contando até 4 em cada etapa.

↑ Gotas de raios de sol

1. Procure um jarro vazio, de preferência um para o qual você goste de olhar.
2. Sempre que acontecer algo de bom, inspirador ou enaltecedor, pegue um pedaço de papel e anote o ocorrido. Não precisa entrar em detalhes. Só algo para ativar a memória.
3. Enquanto anota a experiência, visualize a cor e a alegria de cada um desses momentos. Note como a alegria permeia os pedaços de papel, não saindo do seu sentimento alegre, mas sim fazendo-o crescer e se tornar mais abundante. Suas anotações podem ser simples ou detalhadas, objetivas ou sofisticadas; qualquer coisa, enfim, desde um feriado até o som de folhas secas amassadas sob seus pés no outono.
4. Coloque essas anotações, ou, como gosto de chamá-las, suas "gotas de raios de sol", no jarro.
5. Agora, sempre que você tiver um dia difícil, tire uma, duas ou mais "gotas" e leia-as, deixando que os sentimentos positivos surgidos das lembranças lhe tragam de volta o vigor da vida.

↓ O cão de minha amiga Darragh

Em uma postagem recente na minha página do Instagram @TheMindGeek, perguntei a meus seguidores o que eles faziam para se sentir seguros diante da ansiedade. Uma velha amiga minha, Darragh, fez um comentário que foi repercutido por muitas pessoas:

6. *O que comecei a fazer recentemente é tratar minha ansiedade como um cão latindo em uma janela, neste sentido: sei que está criando uma tempestade em copo d'água, mas consigo acalmá-la, dizendo que está tudo bem e que ela está cumprindo sua função.*

Seguindo o exemplo de Darragh, se você imaginar que sua ansiedade é um cão, como esse animalzinho nervoso seria? De que raça? Qual seria o nome dele? O que você pode dizer a ele quando começar a ganir e latir?

Da próxima vez que sentir ansiedade, pense em como poderia acalmar seu cãozinho e lhe agradecer pelo que ele faz por você; se necessário, dê um passeio com ele.

↑ Surto artístico: versão doméstica

Para este exercício, você precisará de papel (de preferência uma folha A3), uma paleta e tintas. Pode improvisar o quanto quiser!

1. Pegue a paleta e coloque as tintas sobre ela, escolhendo quantas cores quiser, mas deixando-as separadas.
2. Depois de colocar todas as cores na palheta, comece a girá-la e veja as cores se fundindo e ondulando. Observe o intrincado entrelaçamento das cores, os belos padrões que elas formam.
3. Quando se sentir à vontade, aproxime a palheta da folha de papel, vire-a e deixa a tinta derramar e pingar no papel.
4. Vá mexendo a palheta, se quiser, guiando com a mão a tinta que cai.
5. Observe a figura no papel. Quer acrescentar alguma coisa? Quer espalhar com as pontas dos dedos ou prefere deixar como está? Faça o que seu instinto mandar, deixando que esse momento seja resumido apenas a você e as tintas.
6. Quando terminar, respire fundo algumas vezes e olhe sua pintura. Como se sente agora? Como se sentia antes? Aceite qualquer sentimento.

PAUSA DE CINCO MINUTOS:
IDENTIFIQUE SEUS OBSTÁCULOS

Não é fácil aprender a acalmar a si mesmo e se autorregular. A mente e o corpo querem seguir pelo confortável e já conhecido caminho de menor resistência. Por isso, é perfeitamente normal que, conforme incorporamos as novas práticas, tenhamos a sensação de estar subindo uma colina íngreme.

A resistência não só é normal, mas também sinaliza que estamos enfrentando e rompendo velhos padrões. O objetivo não é nos sobrecarregarmos, mas também não queremos evitar totalmente as emoções difíceis; o ideal é vivenciar a experiência e lidar com o leve desconforto do crescimento. Lembre-se disso e vá em frente...

APRENDER A SE AUTORREGULAR PODE SER DIFÍCIL SE VOCÊ:

NÃO TEVE UM EXEMPLO DE AUTORREGULAÇÃO QUANDO CRIANÇA.

ESTIVER EXAUSTO DO TRABALHO, DOENTE OU ESGOTADO.

SEMPRE ACHA QUE AS OUTRAS PESSOAS DEVERIAM MUDAR.

NÃO ARRUMA TEMPO PARA REFLETIR.

RELUTA EM APRENDER NOVOS MEIOS DE LIDAR COM A VIDA.

LEMBRETES MENTAIS

Reserve cinco minutos ao fim de cada dia, durante um mês, refletindo sobre o seguinte:

* Que obstáculos atrapalham meu caminho? Como posso vencê-los?
* Como oferecer entendimento ao meu corpo e aos meus pensamentos? O que eu quero que eles saibam?
* Por que é importante que eu aprenda a me regular? Eu consigo comunicar isso da mesma maneira delicada que faria com uma criança?

Depois desse mês, você terá reunido muitos *insights* a respeito dos obstáculos que atrapalham suas práticas de regulação, suas necessidades diárias, o que você deseja com seus novos meios de lidar com a vida e um lembrete da importância da autorregulação.

6.

Definindo Limites

COMO PRATICAR AUTOCUIDADOS GENUÍNOS

"Ser responsável por si mesmo significa recusar que os outros pensem, falem e se expressem por você...." - *Adrienne Rich*

O significado do termo "autocuidado" – em inglês, *self-care* –, usado com exagero hoje em dia, tornou-se confuso e distorcido. Por isso, é compreensível que você se incomode ao ouvi-lo ou sinta certo desprezo pelo conceito. Por causa do abuso e da comercialização da palavra, pode ser difícil discernir entre o autocuidado genuíno e o autocuidado de fachada. Entretanto, não devemos por isso deixar de considerá-lo, pois o autocuidado autêntico tem um papel importante em nossa vida e bem-estar.

RELAÇÃO ENTRE LIMITES E AUTOCUIDADO

Saber definir limites não é uma ideia imediatamente associada ao autocuidado, mas é um dos meios mais eficazes de cuidarmos de nós mesmos e dos outros. Quando sabemos quais limites criar e como manter e respeitar nossos limites e os limites dos outros, podemos cuidar de nós mesmos de uma maneira que nenhum banho de espuma cuidaria.

Basicamente, os limites indicam nossas fronteiras, sejam elas emocionais, psicológicas, energéticas ou físicas. Eles nos mantêm protegidos, dão-nos sensação de segurança nos relacionamentos e mostram às pessoas que nos rodeiam como queremos que elas interajam conosco. Quando respeitamos nossos limites, nós nos protegemos do esgotamento profissional, de comportamentos prejudiciais e de ressentimentos. Os limites também nos permitem manter nosso senso de agência* e separar quem somos da identidade, dos pensamentos e dos comportamentos dos outros.

Quando estabelecidos de um modo saudável, os limites exigem que assumamos a responsabilidade por nossas ações e emoções, ao mesmo tempo que nos impedem de carregar o peso emocional ou fazer o trabalho emocional dos outros.

Eis os benefícios do estabelecimento de limites:

* Mantêm-nos seguros.
* Possibilitam que assumamos responsabilidade pelo que é nosso – e só nosso.
* Dão aos outros a oportunidade de assumir responsabilidade por seus próprios atos.
* Melhoram a saúde dos nossos relacionamentos.
* Melhoram nosso relacionamento com a intimidade.
* Ajudam-nos a evitar que nos sintamos manipulados, ressentidos ou subestimados.
* Ajudam-nos a determinar quem deixaremos entrar em nossa vida, e o nível em que se dará essa permissão.
* Ajudam-nos a manter uma distinção clara entre nossos sentimentos, pensamentos e identidade e os dos outros.
* Mostram às crianças (e até mesmo às pessoas adultas) como elas merecem ser tratadas.

COMPREENDENDO OS LIMITES

Aprendemos sobre os limites com os modelos observados na nossa infância, bem como pelo comportamento de semelhantes com quem convivemos no

---

* Conceito da psicologia que define a capacidade de uma pessoa de agir, ser eficaz, influenciar sua própria vida e assumir a responsabilidade pelo seu próprio comportamento. (N. do T.)

decorrer da vida. Se nossos pais não definiram limites saudáveis, também teremos dificuldade para estabelecê-los por contra própria. Do mesmo modo, algumas famílias ou culturas dão grande valor ao individualismo e ao espaço individual, enquanto outras enfocam a comunidade e possuem uma natureza mais coletivista.

Inconscientemente, tendemos a repetir os padrões dos limites que aprendemos desde cedo. Isto é, até depararmos com uma situação ou pessoa com ideias diferentes sobre o significado do limite. Por exemplo, se gastarmos muita energia na tentativa de suprir as necessidades dos outros, como nossos cuidadores fizeram em nossa infância, pode ser um choque ouvir uma pessoa em situação semelhante dizer: "Não vou conseguir fazer isso. Tive uma semana pesada e vou descansar no fim de semana". Nossa reação inicial pode ser de absoluto horror. *Ela pode fazer isso? Só porque está cansada?! Vivo cansado desde 2006 e, mesmo assim, faço tudo!*

Isso significa que uma pessoa capaz de suprir suas próprias necessidades e realizar seus desejos às vezes irrita as outras e desperta muita emoção. Podemos, portanto, ter uma ideia do que nossos limites são capazes de proporcionar com atenção e cuidado.

Protegendo a porta da frente

Como aprendiz visual, adoro metáforas que me ajudem a entender melhor um conceito. Para facilitar a definição dos limites, pode ser útil visualizá-los como a porta da frente da sua casa.

Quando deixamos a porta da frente escancarada (isto é, quando não estabelecemos limites), qualquer pessoa pode entrar, ficar quanto tempo quiser e levar algo embora, pois está implícito que não nos importamos com esse comportamento.

Se, porém, fechamos a porta (ou seja, se temos um limite firme), as pessoas precisam bater ou tocar a campainha para anunciar sua chegada; e cabe a nós escolher quem deixamos entrar ou dispensamos. Agindo assim, temos a chance de dizer: "Não estou disponível no momento" ou "Sim, entre", de acordo com as circunstâncias presentes, em vez de nos envolvermos em situações incômodas.

PAUSA DE CINCO MINUTOS:
AVALIE SEUS LIMITES

Para avaliar melhor como estão seus limites no momento, responda a estas perguntas:

* Tenho dificuldade para dizer "não"?
* Sinto culpa ou vergonha quando não consigo fazer algo para alguém?
* Compartilho demais?
* Acredito que definir limites é uma atitude egoísta ou indulgente?
* Tento consertar as coisas para os outros?
* Assumo responsabilidades dos outros?
* Tenho dificuldade para tomar decisões?
* Faço favores dos quais mais tarde me arrependo?
* Sou do tipo "salvador da pátria"?
* Costumo culpar os outros pelo que sinto ou pelo modo como reajo?
* Sinto que abusam de minha boa vontade?
* Tenho dificuldade para identificar onde terminam meus pensamentos/sentimentos e começam os dos outros?
* Preocupo-me constantemente se estou decepcionando os outros?
* Sinto-me exausto depois de passar muito tempo com certas pessoas?

Se respondeu "sim" a muitas ou a todas as perguntas, provavelmente seus limites devem ser revistos e precisam de um pouco de carinho.

TIPOS DE LIMITES

Há três tipos de limites pessoais:

* Rígidos

* Porosos

* Saudáveis

Limites rígidos

Os limites rígidos são muros que mantêm as pessoas do lado de fora e nos protegem lá dentro. Pessoas com limites rígidos podem ter dificuldade para pedir ajuda e para lidar com a intimidade e relacionamentos muito próximos.

Se você reconhece esse traço em si próprio, procure identificar quais medos surgem quando você pensa em abrir a porta para alguém ou deixar outras pessoas verem quem você é de fato.

Limites porosos

Pessoas com limites porosos deixam a porta da frente sempre escancarada ou até mesmo retiram as portas para deixar as pessoas entrarem. Compartilham informações pessoais sem freios, não conseguem dizer "não" e se sentem responsáveis pelas emoções dos outros. Costumam aceitar comportamentos desrespeitosos, tendo consciência disso ou não, e têm medo de que os outros não gostem delas.

Caso você se identifique com essa descrição, só tem a ganhar se reforçar seus limites. Comece a pensar em que fatores o impedem de definir limites saudáveis.

Limites saudáveis

Pessoas com limites saudáveis estão em algum ponto entre os dois extremos apresentados aqui e sabem dizer "não" sem culpa. Comunicam seus desejos e necessidades e só deixam entrar quem elas querem que entre. Não sacrificam seus valores e aceitam as decisões dos outros.

Como ocorre na maioria das situações, a chave aqui é o equilíbrio. Precisamos ter certeza de que não somos prisioneiros da rigidez nem vítimas dos limites porosos. Ciente disso, tenha em mente que, no estágio inicial do estabelecimento de limites, é melhor ficar do lado rígido que do lado poroso. Os limites rígidos não são necessariamente ruins; na verdade, há situações em que podem ser muito úteis. Por exemplo, faz sentido que pessoas que tiveram pais dominadores, que sempre as mandavam agir de determinada maneira ou as ridicularizavam ou expunham, sejam seletivas a ponto de criar limites rígidos quanto às pessoas com quem se abrirão para compartilhar suas perspectivas.

Alguns limites podem ser mais óbvios que outros, por exemplo, quanto tempo passamos com uma pessoa ou até que ponto queremos nos abrir com ela. Outros limites podem não ser muito claros até o momento em que os ultrapassamos. Esses limites mais sutis podem incluir, por exemplo, a quantidade de notícias que consumimos, o tempo que passamos nas mídias sociais e o tempo que disponibilizamos para escutar o desabafo das pessoas, para ouvir um familiar fofocando sobre outro ou para aquele amigo que sempre aparece sem avisar.

A chave para compreender onde os limites são necessários está sempre, antes de mais nada, com você.

CONCEITOS ERRADOS SOBRE OS LIMITES

Se você já teve dificuldade para dizer "não" ou achou que isso não era possível, saiba que você não está sozinho. O desejo de "manter a paz" a qualquer custo geralmente é perpetuado por mensagens que internalizamos em algum momento durante a formação da nossa personalidade. Se você acha que a definição de limites pode prejudicar seus relacionamentos, não se preocupe. Vejamos alguns mitos que costumamos tomar por verdades que nos impedem de determinar limites.

Conceito errôneo 1: Limites afastam as pessoas

O conceito errôneo mais comum a respeito dos limites é acreditar que eles afastam as pessoas. Ironicamente, a definição de limites tem o objetivo contrário, ou seja, de criar conexão e intimidade com o passar do tempo, seja entre amigos, relacionamentos românticos, familiares ou outros. E isso porque os limites têm relação direta com confiança e respeito por si mesmo e pelas outras pessoas.

Assim, estabelecer limites saudáveis no que se refere às pessoas ou situações que podem ou não entrar pela porta da frente e à definição do tempo pelo qual podem ficar significa simplesmente respeitar nossas necessidades, preservar nossa saúde mental e reconhecer o fato, às vezes difícil de encarar, de que nem todos os relacionamentos em nossa vida *sempre* contribuirão para o nosso bem-estar.

Conceito errôneo 2: Limites são uma prática egoísta

Traçar limites pode parecer uma atitude egoísta para quem se importa demasiadamente com os outros e quer manter a paz nos relacionamentos, mas todo relacionamento precisa de limites para ser saudável e equilibrado. As únicas pessoas que tendem a defender a ideia de que limites são práticas egoístas são aquelas que se beneficiam da falta de limites.

Na verdade, os limites são úteis não apenas para quem os determina, mas também para quem está ao seu redor, pois deixam claro o que importa para a pessoa, quem ela é e até onde é possível ir. Dizer "sim" para quase tudo pode parecer bom no momento, mas quando a pessoa se vê sobrecarregada com outras obrigações e incapaz de cumprir os compromissos, acaba decepcionando os outros e a si mesma. E pode acontecer até mesmo de ela se ressentir e ficar irritada com as pessoas que lhe pediram algo.

Embora dizer "não" a convites e pedidos pareça decepcionante no momento, posteriormente servirá melhor às pessoas, pois assim ficamos com a consciência tranquila e o tanque cheio de combustível.

Às vezes, o maior gesto de carinho é dizer "não".

Conceito errôneo 3: Definir limites é o mesmo que dar ordens às outras pessoas

É possível estabelecer limites saudáveis em qualquer relacionamento. Mas é preciso ter clara a diferença entre *pedir* uma mudança e *exigir* uma mudança (mandar alguém agir de determinada maneira). Portanto, é um erro acreditar que definir limites é uma atitude autoritária.

Por exemplo, uma pessoa pode pedir a seu irmão para que comece a fazer terapia, e esperar que ele siga o conselho; mas não pode exigir que ele faça isso. Como em qualquer relacionamento adulto respeitoso, a outra pessoa tem o direito de dizer "sim", "não" ou propor algum meio-termo.

Comunicar limites aos outros significa explicar quais são nossos limites, pedir para que os respeitem e deixar claro o que faremos caso não atendam ao pedido. Por exemplo, uma declaração de limite pode ser: "Se você continuar falando dos nossos pais nesse tom, não participarei mais da conversa" ou "Se você continuar falando desse jeito comigo, vou sair e deixar você falando sozinho".

Cuidado, porém, com limites que façam crescer os temores de outra pessoa, pois eles podem rapidamente se transformar em formas sutis de manipulação. Diferente do que ocorre com a manipulação, um limite saudável não está relacionado a ganhar poder ou exercer controle sobre o outro, e sim a fazer escolhas relacionadas ao *nosso* comportamento e à *nossa* vida. Desse modo, os limites movem o foco do controle para onde de fato temos poder para agir, ou seja, nossas ações pessoais. É importante compreender essa distinção.

Conceito errôneo 4: Limites não são adequados para famílias

Famílias são sistemas complexos nos quais os limites são extremamente necessários. Entretanto, um dos mitos mais preocupantes relacionados a grupos familiares é o de que devemos tolerar palavras e comportamentos que magoam só porque, afinal, "somos uma família".

A família não é uma área livre para falta de respeito e comportamento abusivo. Se não aceitamos um dado comportamento vindo de pessoas de fora da família, por que deveríamos permiti-lo quando é praticado por irmãos, pais ou outros parentes?

Muitas pessoas são ensinadas a respeitar a unidade familiar, e isso às vezes as obriga a ficar quietas e não reclamar de certas coisas, aceitando certos comportamentos porque "eles são assim mesmo" ou pisando em ovos para forçar um cenário de aparente harmonia. Mas os limites são necessários mesmo nos relacionamentos familiares mais harmoniosos. Definir limites ajuda a pessoa a crescer tanto internamente quanto nos seus relacionamentos fora da unidade familiar, além ajudar a evitar o envolvimento com as expectativas dos outros.

COMO NOS RELACIONAMOS COM OS LIMITES

Os limites são vitais em qualquer relacionamento. Alguns deles são profundamente complexos, enquanto outros podem ser mais objetivos; há os que são difíceis de aceitar; e alguns são difíceis de aplicar e respeitar.

"FAMÍLIA"

NÃO PODE SER UMA JUSTIFICATIVA NEM UMA DESCULPA PARA UM COMPORTAMENTO PREJUDICIAL.

Antes de examinar alguns modos de estabelecer limites, lembre-se de que você jamais precisará se sentir culpado, envergonhado ou egoísta por estabelecê-los.

Ao definir limites, você estará escolhendo:

* O desconforto temporário em lugar do ressentimento prolongado.
* O autorrespeito em vez da autossabotagem.
* O bem-estar em lugar do *burnout*.
* Uma conexão autêntica em vez de se esconder por trás da máscara da pessoa que agrada todo mundo.

CRIANDO LIMITES

Os limites são profundamente pessoais e, portanto, variam muito de uma pessoa para outra. Eles também mudam no decorrer da vida. Apesar de não existir "um modo certo" de criar limites, espero que as dicas a seguir sejam úteis como ponto de partida:

1. Identifique seus limites

Deve parece claro que não é possível definir limites sem ter certeza de como eles devem ser. E isso pode ser um obstáculo difícil de ser transposto por muitas pessoas, principalmente aquelas que não tiveram modelos saudáveis de limites quando crianças. É por isso que às vezes só percebemos que um limite foi ultrapassado quando começamos a nos sentir incomodados ou, de certa maneira, "desregulados".

Um bom modo de identificar um limite é pensar em experiências do passado em que você se sentiu frustrado, ressentido, desconfortável ou defensivo quando alguém desrespeitou seus limites. Qual foi a sensação física? O coração bateu mais rápido? Seu rosto ficou vermelho? Você tremeu? Levando tudo isso em conta, decida o que você é capaz de aceitar e o que lhe causaria desconforto se aceitasse. O que você está disposto a tolerar e o que demanda um "não" definitivo? Aprender a sintonizar-se com as mensagens que você recebe do corpo e da mente o ajudará a identificar seus limites.

2. Considere as consequências

No que diz respeito à criação de limites, consequência significa a ação que você se dispõe a fazer se alguém ultrapassar seu limite. Após defini-la, talvez seja bom você anotar com poucas palavras o limite e a consequência (ou as consequências). Deve ficar claro o que acontecerá se o limite não for respeitado.

Uma forma de amar as pessoas que não é devidamente valorizada é o compromisso com a própria palavra, isto é, pôr em prática o que você disse que aconteceria se seus limites fossem desrespeitados. Embora esse autorrespeito pareça rígido, ele pode, na verdade, fortalecer os relacionamentos, pois nos impede de viver à sombra do ressentimento, da agressividade passiva ou da animosidade prolongada.

Eis alguns exemplos de declarações de limite, seguidas das consequências:

* Sinto-me desconfortável quando você fala mal das pessoas na minha frente. Se isso continuar, eu vou embora.
* Se você continuar falando comigo desse jeito, vou desligar o telefone.
* Se você continuar ignorando o que eu digo, vou deduzir que não tem interesse na minha companhia e vou me retirar.
* Sinto-me magoado e decepcionado quando você cancela nossos programas na última hora. De agora em diante, sempre vou lhe dizer como me sinto, assim não preciso carregar esse peso sozinho.
* Estou disposto a conversar com você sobre uma solução, mas não quero falar sobre o que estou sentindo. Se você não consegue conversar sobre soluções, acho melhor a gente dar um tempo até esfriar a cabeça.

As consequências têm a ver com dizer à outra pessoa o que acontecerá se ela invadir o seu limite. É melhor evitar ultimatos ríspidos, mas devemos ser sinceros quanto às nossas ações. Também é melhor permitir mudanças graduais – o custo de um limite desrespeitado não precisa ser fixo nem imutável, mas deve ser exposto com clareza.

Muitas pessoas se perdem quando tentam determinar um limite ou definir suas consequências. Por isso, às vezes gastam muita energia tentando estabelecer limites que sejam aceitáveis para os outros, o que acaba resultando em limites insuficientes. Assim, ao estabelecer as consequências, o mais recomendável é ser gentil, mas firme; manifestamos amor não só através das palavras, mas também das ações.

3. Comunique o limite

É ótimo saber qual é seu limite, mas isso não tem utilidade nenhuma se você não explicar esse limite às outras pessoas, ou se pensar algo como "não preciso dizer, pois é óbvio".

Como qualquer novidade aprendida, comunicar os limites requer prática. A necessidade de ser claro e assertivo pode ser assustadora; portanto, comece aos poucos, com pessoas com quem você não tem proximidade, e desenvolva a técnica a partir daí. Por exemplo, se o garçom trouxer um prato que você não pediu, diga isso a ele de uma maneira simpática, mas firme. Se um conhecido lhe perguntar algo sobre sua vida particular que você não quer responder, diga "não". Se o caixa da loja cobrar a mais, diga isso a ele. Se você receber uma mensagem no Instagram pedindo para que invista em ações voláteis ou de alguém dizendo "E aí, gata(o), vamos bater um papo?", bloqueie a pessoa. Essas pequenas interações com estranhos, nas quais nos sentimos menos em risco, são um ótimo treinamento para desenvolver nossas habilidades assertivas.

À medida que você se tornar mais confiante para falar o que pensa, pode começar a usar sua assertividade com pessoas do seu círculo mais íntimo. O segredo para comunicar limites a familiares e amigos é ser direto e claro, mas de forma respeitosa.

"Não" é uma frase completa; no entanto, quando a dizemos a pessoas queridas, às vezes sentimos a necessidade de que ela seja acompanhada por uma explicação. Mas nem sempre: cuidado para não se justificar quando isso não é necessário. Diga apenas o que se sentir confortável para dizer, tomando cuidado para não cair em um tom negativo.

Usar frases que falem sobre você e o que você sente pode ajudar nesse sentido. Por exemplo: "Eu fico triste quando você me dispensa. Se isso continuar, vou lhe dar um alerta discreto. E, se isso não resolver, me afastarei. Preciso que você deixe claro que está me ouvindo e que me dá atenção". Frases assim ajudam a transmitir segurança e autorrespeito.

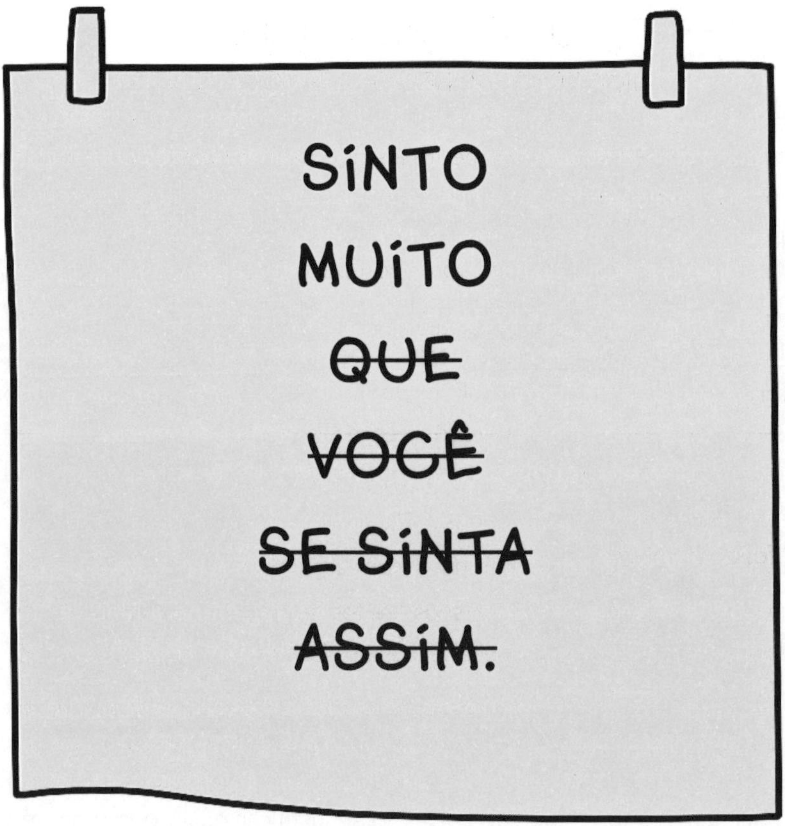
SINTO
MUITO
~~QUE~~
~~VOCÊ~~
~~SE SINTA~~
~~ASSIM.~~

Se você explicar seus limites aos outros, eles se sentirão à vontade também para comunicar a você seus próprios limites. Se achar que vale a pena, converse sobre esta parte do livro com um amigo ou amiga e veja quais limites os dois podem estabelecer, juntos.

PAUSA DE CINCO MINUTOS:
CRIE UM LIMITE A PARTIR DE
UMA FRASE SOBRE O QUE VOCÊ SENTE

Com as palavras abaixo, forme frases que definam limites que você seja capaz de implementar:

* Eu sinto [emoção] quando você [comportamento].
* Se isso continuar, eu [consequência].
* Eu preciso de [necessidade].

4. Reforce o limite

A fase final de honrar e manter seus limites geralmente é a mais desafiadora, pois requer força e coerência quando as pessoas testam nossa resolução.

Cedo ou tarde, os limites que definimos *serão* testados ou provocados. Mesmo depois de comunicarmos os limites e as consequências de desrespeitá-los, algumas pessoas sempre tentarão forçar a entrada, seja de forma consciente ou não.

É normal enfrentar certo grau de tentativa de intromissão, principalmente daqueles que se acostumaram com a ausência de limites até então. O importante é você prever essa tentativa e simplesmente considerá-la um teste para reforçar seus limites. Sua autoestima e seu autorrespeito só têm a ganhar com isso.

De volta à nossa analogia da porta da frente, aqueles que chegam continuarão a entrar até o momento em que encontrarem a porta fechada. Sempre que recuamos nos nossos limites e deixamos a porta aberta, damos permissão para que os outros façam o que bem entendem, pois se não respeitamos nossos próprias limites, por que eles respeitariam?

A boa notícia é que sempre que você reforça o limite, tem a oportunidade de alterar as expectativas dos outros em relação a você e também de aumentar seu nível de autoconfiança.

Veja a seguir alguns comentários ditos com frequência por pessoas queridas quando estabelecemos novos limites:

* "Você mudou."
* "Sinto falta de como você era antes."
* "Você tem andado sensível demais."
* "Você está sendo muito egoísta."
* "Estou decepcionado com você."
* "Alguém anda assistindo TV demais."

Se algumas pessoas continuarem a ultrapassar seus limites mesmo estando cientes deles, reconheça que, embora seja impossível mudá-las, podemos mudar o modo como nos relacionamos com algumas delas. Em determinados casos, talvez valha a pena reavaliar as consequências de desrespeitar o limite definido por você.

Às vezes, pode ser necessário se afastar por algum tempo de alguém que insiste em desrespeitar a linha traçada por você, ou até mesmo cortar relações com a pessoa. Definir e afirmar limites são tarefas extremamente complexas, especialmente com familiares e outras pessoas queridas; portanto, se você estiver enfrentando muitas dificuldades, procure apoio.

Buscar a ajuda de um amigo de confiança para uma orientação ponderada ou um porto seguro pode ser útil para desfazer os nós de situações complexas. Mas, se você sentir que precisa de um apoio mais dirigido, procure um profissional de saúde mental.

Quando começar a ficar difícil manter os limites, é importante lembrar do motivo de tê-los criado. Lembre-se de que precisa deles para seu bem-estar e que não deve abrir mão deles, não importa o que digam.

Manter limites saudáveis não é apenas um sinal de um relacionamento saudável com os outros, mas também com você mesmo: autorrespeito, amor-próprio e um genuíno autocuidado.

Às vezes, o ônus de definir a consequência final recai sobre nós: afastar-se e escolher um caminho mais saudável. Nada comunica melhor seus limites do que viver de acordo com eles.

> **PAUSA DE CINCO MINUTOS:** HONRE SEUS LIMITES
>
> Definir limites tem relação direta com estar conectado com seus sentimentos e honrá-los. Se você não tem conseguido sustentar seus próprios limites, ou se outra pessoa tem atravessado com frequência as linhas definidas por você, responda a estas perguntas:
>
> * O que estou fazendo? O que essa pessoa está fazendo?
> * Que providência vou tomar para corrigir essa situação?
> * O que eu sou capaz de controlar?

MUDANÇAS NOS LIMITES

Os limites podem mudar. Com o passar do tempo, à medida que nos aperfeiçoamos, descobrimos se alguns limites ainda nos servem ou se estão atrapalhando. Eles quase sempre precisarão ser alterados conforme vamos avançando nos processos de cura de feridas dos quais os limites são parte importante. Mas o fato de você ter superado a necessidade de um limite não significa que ele não tenha sido necessário em um certo momento.

Do mesmo modo, limites que servem para um relacionamento podem não ser apropriados para outro. Algumas situações e relacionamentos, como aqueles com membros da família ou colegas de difícil trato, costumam exigir limites mais rígidos. Por outro lado, você pode sentir que outros relacionamentos, como uma sólida amizade, por exemplo, podem ter limites mais suaves e flexíveis. Descubra o que funciona melhor para você.

À medida que aprendemos sobre nós mesmos e começamos a integrar mais autorregulação no dia a dia (ver Capítulo 5), percebemos que somos capazes de nos envolver melhor com nossas necessidades e limites, sem nos sentirmos sufocados ou paralisados.

É vital que você dê um tempo para si próprio antes de alterar seus limites, principalmente se ele tiver alguma relação com um trauma. Seja gentil consigo mesmo, permitindo-se ir devagar. Tentar curar algo rápido demais é a receita para o desastre. Priorize sempre a segurança.

Com o passar do tempo, pode ser interessante flexibilizar os limites com as pessoas que têm mostrado respeito constante e estável aos limites e vulnerabilidades definidos por você, como sinal de confiança nelas. Também pode ser necessário amenizar os limites se sentirmos que estamos nos afastando de pessoas que amamos e nas quais confiamos. Isso acontece basicamente quando, na tentativa de deixar a "porta fechada", acabamos erguendo um muro fortificado.

Vá com calma e pratique o discernimento, à medida que progride e muda, dia após dia, a cada momento.

A LINGUAGEM APROPRIADA PARA NOSSOS LIMITES

Às vezes, podemos estabelecer limites usando frases simples, mas há situações que exigem mais elaboração.

Você encontrará nas páginas a seguir exemplos de declarações de limites relacionadas a diferentes situações, como eventos e feriados, para serem usadas com a família, amigos, parceiros românticos e até diante de conflitos.

Talvez você considere que alguns dos exemplos apresentados não tenham muita relação com a sua realidade e que outros soem excessivamente formais. Saiba, porém, que se trata apenas de sugestões, guias que indicam um ponto de partida. No fim das contas, cabe a cada um de nós, como indivíduos, estabelecer o conteúdo e as palavras certas que funcionam para cada situação.

Sinta-se à vontade para reescrever com suas próprias palavras as sugestões que mais ressoarem em você, e tente pronunciá-las para observar qual é a sensação de ouvi-las sendo ditas por sua própria voz.

Limites para eventos e feriados

Sempre há muitos compromissos e convites no período das festas de fim de ano. Talvez essa época tenha acabado de passar e você esteja sentindo a necessidade de um tempo para si. Ou talvez tenha dificuldade para conciliar esses compromissos. Seja como for, essas épocas agitadas, cheias de eventos e encontros, às vezes põem nossos limites à prova.

Será que alguma das frases a seguir ressoa em você? Em caso afirmativo, fique à vontade para adaptá-las usando suas próprias palavras:

* Obrigado pelo convite. Só tem um detalhe: preciso sair no máximo às 20h30.
* Acho que você precisa falar com [nome da pessoa]. Não quero me envolver com isso.
* Eu quero passar algum tempo com você, mas, se continuar falando de [um assunto] desse jeito, vou embora.
* Não posso passar a noite aí, mas quero muito me encontrar com você.
* Agora não posso. Preciso ficar um pouco no meu quarto, em silêncio.
* Não, obrigado. Já bebi demais.
* Adoraria pôr a conversa em dia com você, mas já é tarde. Será que podemos conversar em [dia/hora]?

Limites com familiares e amigos

Alguns dos limites mais difíceis de serem estabelecidos têm como foco as pessoas com quem temos mais intimidade, pois elas têm um jeito muito especial de iluminar aquelas partes não curadas e inconscientes de nosso íntimo. Entretanto, o estabelecimento de limites saudáveis ajuda a proteger tanto os outros quanto a nós mesmos da ansiedade, de frustrações e de confusões desnecessárias.

Será que alguma das frases abaixo tem a ver com você? Em caso afirmativo, fique à vontade para adaptá-las usando suas próprias palavras:

* Obrigado, mas gostaria de resolver essa situação sozinho. Se eu precisar de ajuda, pode deixar que eu peço.

* Sinto-me pouco à vontade quando você fala de [assunto]. Gostaria de mudar de assunto.
* Na verdade, não estou querendo receber conselhos agora. Se você puder, gostaria que me ouvisse.
* Adoraria pôr a conversa em dia, mas também preciso descansar porque acordo cedo para o trabalho. Vamos combinar um horário bom para os dois. Depois das [horas], não posso.
* Adoro conversar com você, mas não tenho tempo para ficar batendo papo todo dia. Podemos combinar para conversar todo(a) [dia ou dias da semana]?
* Entendo a sua frustração, mas não gosto quando você fala de [pessoa] desse jeito.
* Sei o quanto você se preocupa, mas estamos escolhendo juntos o melhor meio de criar nossos filhos. Gostaria que você respeitasse isso.
* Entendo o que quer dizer, mas preciso tomar uma decisão que funcione para mim. Se você puder respeitar isso, podemos prosseguir na conversa.

Limites com parceiros românticos

Definir limites com sua namorada, namorado, companheira, companheiro, esposa, marido ou qualquer pessoa com quem você tenha uma relação íntima ajuda a esclarecer como você se sente e deseja ser tratado(a).

Uma conversa sobre limites pode ocorrer a qualquer momento. Uma simples frase como "Eu gosto quando você..." ou "Não me sinto bem quando nós..." pode dar início a um diálogo a respeito dos limites.

Em relacionamentos saudáveis, os parceiros tendem a respeitar os limites um do outro; mas, como somos humanos, às vezes escorregamos e ultrapassamos os limites. É importante aproveitar esses deslizes como oportunidades para conversas francas, nas quais pedimos perdão e reajustamos alguns pontos.

Se você tem medo de falar sobre limites com seu parceiro ou parceira porque acha que isso provocará uma reação raivosa ou violenta, isso pode ser um sinal de que você vive um relacionamento abusivo. Nesse caso, procure o apoio de um amigo de confiança e/ou de um profissional de saúde mental.

Se, porém, você se sente à vontade para conversar com a outra pessoa, será que alguma das frases abaixo tem relação com a sua situação? Em caso afirmativo, fique à vontade para adaptá-las usando suas palavras:

* Acho ótimo seguirmos um ao outro nas plataformas de mídia social, mas não gosto da ideia de ter um perfil conjunto nem de usarmos a mesma senha.
* Adoro te beijar, mas gostaria que fossemos mais discretos em público. Vamos conversar sobre isso?
* Gosto de trocar mensagens com você durante o dia, mas não posso ficar teclando toda hora. Se você me mandar mensagens, só vou poder responder no meu intervalo e/ou depois do trabalho.
* Gosto muito de morar com você, mas também preciso de um tempo para mim. Podemos conversar sobre isso?
* Estou muito cansado(a) hoje. Você pode fazer o jantar mais tarde?
* Quando chego do trabalho, preciso me desligar por meia hora antes de conversarmos sobre como foi o dia. Podemos fazer assim?
* Adoraria passar um tempo de qualidade com você sem os celulares por perto, à noite. Vamos combinar um horário para desligá-los?
* Adoro passar o fim de semana com você, mas também preciso de um tempo para encontrar meus amigos e minha família. Vamos conversar sobre uma forma de equilibrar isso.

Limites diante de conflitos

Nos momentos de conflito, quando a temperatura emocional de uma situação sobe e ficamos desregulados, acabamos repetindo velhos padrões de comunicação, mesmo sem querer. Nesses momentos, mais do que em qualquer outro, é importante escutar e ser escutado, ver e ser visto, fazer uma pausa e tomar consciência do que está acontecendo.

Conversar sobre a definição de limites relacionados a formas de encarar e lidar com o conflito talvez seja uma das trocas mais importantes na rotina de um casal. Os exemplos de limites a seguir, porém, servem para qualquer tipo de relacionamento.

Será que alguma das frases abaixo tem a ver com você? Em caso afirmativo, fique à vontade para adaptá-las usando suas próprias palavras:

* Preciso dar um tempo para que a gente continue a conversa depois, de forma mais sensata. Volto daqui a vinte minutos.
* Gostaria de interromper essa conversa por algum tempo enquanto ficamos em silêncio, de mãos dadas.
* Estou um pouco atordoado(a). Você poderia falar mais baixo, por favor?
* Não estou entendendo muito bem o que você está dizendo. Será que você poderia explicar melhor, por favor?
* Sei que você está zangado(a), mas não pode falar comigo assim. Se você continuar nesse tom, vou me retirar.
* Se você continuar agindo dessa forma destrutiva, vou refletir com muito cuidado sobre o que desejo para o meu futuro, incluindo a possibilidade de romper nosso relacionamento.
* Entendo a sua frustração, mas, por favor, não me critique desse jeito. Isso me magoa, é desrespeitoso e nos afasta do foco do problema.
* Batemos sempre na mesma tecla, sem chegar perto de uma solução. Que tal darmos um tempo e pensar no que realmente importa?
* Você não me ouve. Gostaria que você prestasse atenção ao que estou dizendo, antes de continuarmos.

LIMITES COM NÓS MESMOS

Os limites não servem apenas para os nossos relacionamentos com os outros; também precisamos de limites para nós mesmos. Eles nos ajudam a monitorar nosso comportamento e fazer escolhas que nos beneficiam, ainda que seja difícil colocá-los em prática.

É particularmente trabalhoso estabelecer limites para nós mesmos se nossos cuidadores não foram modelos de limites saudáveis e/ou reagiam de forma incoerente às suas próprias regras. Se os limites não existiam ou eram rigorosos demais quando éramos crianças, podemos ter a sensação, quando adultos, que eles servem apenas para nos controlar ou nos privar de algo. Além disso, alguns transtornos de saúde mental e vícios podem tornar quase impossível para uma pessoa aplicar limites a si própria.

Há vários fatores que dificultam muito o estabelecimento de limites para nós mesmos, mas, no fim, limites positivos proporcionam uma sensação de segurança e de estrutura, que são a base para a "reparentalidade" saudável. Abordaremos esse tema no Capítulo 7.

Eis alguns exemplos de limites que podem ser estabelecidos para o próprio *self*:

* Escovar os dentes duas vezes por dia.
* Escutar um *podcast* por dia.
* Limitar o tempo de uso do celular.
* Beber apenas duas xícaras de café por dia.
* Limitar a ingestão de bebidas alcoólicas a um dia por semana.
* Não se olhar no espelho com tanta frequência.
* Não ler *e-mails* de trabalho no fim de semana.
* Não participar de fofocas.
* Lavar o rosto antes de ir para a cama.
* Manter horários regulares para dormir.

O segredo neste caso são as pequenas mudanças graduais. Esperar perfeição é contraproducente; portanto, seja paciente com seu processo de aprendizagem. Rigidez excessiva ou irrealista só traz ressentimento e sentimento de vergonha. Pondere as razões dos deslizes, quando ocorrerem, e persista na abordagem corajosa e compassiva das suas necessidades.

A criação de limites para si próprio e para os outros é uma habilidade que requer coragem e capacidade de comunicação, e vai se aprimorando e avançando com a prática. Então, siga praticando...

OS QUATRO PILARES PARA LIDAR COM SITUAÇÕES EM QUE OS LIMITES SÃO DESRESPEITADOS

Amar é fácil. Relacionar-se é difícil. O desrespeito a um limite por um parceiro, por amigos ou por membros da família pode comprometer a saúde de um relacionamento se nenhuma providência for tomada. Geralmente as pessoas ultrapassam nossos limites sem notar e sem ter a intenção de fazer isso, mas o resultado final é sempre o mesmo, tendo sido o ato consciente ou não. Quando um limite é desrespeitado, é importante lidarmos com a situação de forma reparadora e construtiva. Veja como fazer isso:

1. Reconhecer

Observe o que acontece em seu íntimo quando você reconhece que um limite definido por você foi ultrapassado. Antes de dar nome às emoções, atente para os sentimentos no seu corpo. O que você sente no peito? E no estômago? Suas mãos estão frias? Um calor percorre todo o corpo? Quais pensamentos vêm à tona? Talvez ideias como: "Ele não me respeita", "Sou um chato" ou "Ninguém me dá atenção"? Guarde esses pensamentos com interesse. Após reunir os sinais do corpo e da mente, comece a identificar e dar nome às emoções presentes. Observar e coletar todas as informações permite que você compreenda quais são seus limites e os comunique aos outros posteriormente.

2. Regular

Já ciente das mensagens da mente e do corpo, faça uma pausa e respire fundo. Criar espaço entre a reação (aqueles pensamentos e comportamentos de reflexo) e a resposta (o modo de comunicar a situação) é um passo vital para compreender o que está acontecendo em seu íntimo e comunicar essa informação de forma eficiente.

Quantas vezes, no passado, você agiu sem pensar e se arrependeu do que disse? Ou ficou zangado com si próprio por não ter dito outra coisa? Por mais irritante, desconfortável e perturbador que seja, ultrapassar seus próprios limites quase sempre é uma oportunidade de se conhecer melhor. Assim, se possível, reflita sobre sua reação, sente-se e anote no diário, ou apenas respire fundo algumas vezes, com o objetivo de regular suas emoções da melhor maneira possível e ver o que surge dessa pausa.

3. Redefinir

Em seguida, é importante reconhecer como seu limite foi violado e qual limite você precisará restabelecer agora.

Ao dar esse passo, lembre-se de levar em conta o que fará ou dirá quando esse novo limite for desrespeitado. Costumo ouvir meus clientes dizerem coisas deste tipo: "Bem, já falei o que tinha de falar. Espero que a pessoa não me desrespeite de novo". E então, pergunto: "E se ela desrespeitar, o que você fará?". Por mais que desejemos um respeito automático aos limites depois de uma conversa franca, situações em que isso se verifica representam exceções, não a regra.

Em alguns casos, a violação do limite pode ser um tipo de teste, intencional ou não, imposto a você por amigos ou familiares.

Portanto, é bom você saber que precisará redefinir os limites de tempos em tempos, pois cedo ou tarde eles serão ultrapassados. Se agir assim, estará preparado e não ficará surpreso com a intromissão dos outros; além disso, também se sentirá mais à vontade para se expressar.

Afinal de contas, se você não se manifesta quando algo o aborrece, não pode esperar que haja alguma mudança. Os seres humanos são criaturas que agem a partir de hábitos; por isso, os limites devem ser redefinidos duas, três ou até mesmo mais vezes. Você é quem decide até que ponto vale a pena restabelecê-los. Mas, se eles estiverem sendo ignorados e violados de forma regular, é bom dar o passo seguinte de "reconsiderar" alguns relacionamentos quando chegam a certo ponto...

4. Reconsiderar

Se um limite seu é constantemente ignorado mesmo após uma comunicação clara, talvez seja a hora de reavaliar, ou "reconsiderar" o relacionamento com a pessoa que o está desrespeitando, bem como o tempo e a energia que você dedica a ela.

O elemento vital dos limites é o autorrespeito e o respeito pelos outros. Você é a única pessoa capaz de se defender; assim, se alguém lhe causa desconforto repetidas vezes, não será egoísmo de sua parte reconsiderar o acesso que dará a esse indivíduo à sua vida, mesmo que seja alguém da família.

SE ALGUÉM ULTRAPASSAR SEUS LIMITES REPETIDAMENTE, RECONHEÇA QUE, EMBORA NÃO SEJA POSSÍVEL MUDAR AS PESSOAS, VOCÊ PODE MUDAR O MODO DE SE RELACIONAR COM ELAS.

Isso às vezes é muito difícil, principalmente se você mora com a pessoa, se gosta muito dela ou se é alguém que tem autoridade sobre você. Precisamos identificar quais são as nossas opções e escolher a melhor delas para aquele momento, praticando o autorrespeito e confiando no instinto.

Essas escolhas não são fáceis, e podem envolver vários transtornos. Mas a vida é complicada, e as violações de limites às vezes exigem decisões difíceis. Não pense, porém, que precisa atravessar todo esse processo sozinho. Saiba que é sempre possível buscar o apoio de uma pessoa de confiança, que pode ajudar a definir o que é melhor para você, como um amigo querido ou um profissional de saúde mental.

CORRIGINDO NOSSAS TRANSGRESSÕES DE LIMITES

É importante abordar como "corrigir" nossas próprias violações de limites, sejam elas intencionais ou não. Quando desrespeitamos o limite de outra pessoa, a reparação geralmente consiste em duas ações principais:

1. Pedido de desculpas sincero.
2. Conversa franca.

Pedido de desculpas sincero

A maior parte das pessoas já passou pela frustrante experiência de receber um pedido falso de desculpas, ou seja, uma recusa de um indivíduo em assumir responsabilidade por algo disfarçada por palavras de perdão.

Eis alguns exemplos de pedidos falsos de desculpas:

* "Desculpe-me se você se sentiu assim."
* "Desculpe-me, MAS..."
* "Eu não quis dizer isso."
* "Eu sou apenas humano, oras!"
* "Desculpe-me por ter dito isso, mas você me provocou."
* "É que estou cansado e tive um dia péssimo."

Em contraste com esses falsos pedidos de perdão, em um pedido de desculpas sincero, seja ele relacionado a limites ultrapassados ou qualquer outra coisa, a pessoa deve:

* Reconhecer por que a outra pessoa se magoou.
* Admitir que se comportou mal.
* Aceitar responsabilidade em vez de projetá-la na outra pessoa ou rejeitá-la.
* Não procurar justificativas nem defesa.
* Não fazer a outra pessoa se sentir pior.

Quando uma pessoa expressa raiva, geralmente é porque está magoada, talvez por sentir que alguém violou seus limites.

Em casos assim, a pessoa tem a responsabilidade de reconhecer a mágoa e comunicá-la de uma maneira respeitosa. Se fizer isso, teremos a chance de oferecer um pedido sincero de desculpas por nossas transgressões.

Lembre-se: um pedido de desculpas falso (como os exemplos da lista anterior) não serve para nada além de nos proteger de uma dose saudável de embaraço; por isso, é importante pedir desculpas com sinceridade, coragem e até vulnerabilidade.

Desculpar-se não significa diminuir-se ou ficar paralisado pela culpa. Um sentimento leve e passageiro de embaraço pode nos ajudar a retornar ao centro; é natural e até bom sentirmos culpa por ter magoado alguém. Significa que nos importamos com a pessoa magoada, e o pedido de desculpas tem o dom de nos aproximar dela.

Em vez de encarar um pedido sincero de desculpas como fraqueza, é importante reconhecê-lo como um ato ao mesmo tempo humilde e nobre, que tem o poder de curar velhas e novas feridas. Portanto, sempre vale a pena pedir desculpas com sinceridade, do fundo do coração.

Conversa franca

Todas as pessoas são diferentes e, assim, cada uma delas tem limites diferentes. Se você estiver em dúvida quanto aos limites de alguém, ou não tem certeza se os violou ou não, simplesmente pergunte. Nem todas as pessoas gostam de falar sobre esse assunto, mas isso não significa que não estejam dispostas a se abrir em uma conversa franca, se você der início a ela.

Uma boa conversa poupa muita energia mental que seria desperdiçada em um cabo de guerra cognitivo e emocional, em que você tenta decifrar os limites desconhecidos do outro.

Quando você consegue conversar abertamente e conhecer melhor a pessoa, começa a compreender que limites ela impõe e por que eles são importantes para ela. Assim, certamente descobrirá que algumas áreas de seus limites colidem com os do outro indivíduo. Uma conversa franca sobre esse assunto e uma posterior solução que sirva aos propósitos dos dois, e não apenas de um ou outro, trarão significativos benefícios ao relacionamento.

Embora seja difícil mencionar certos limites e corrigir alguns problemas, o risco da vulnerabilidade por conta do diálogo desde o início provavelmente poupará as duas pessoas de um possível sofrimento futuro.

LEMBRETES MENTAIS

Reserve cinco minutos ao fim de cada dia, durante um mês, refletindo sobre o seguinte:

* Como teria sido a sensação de liberdade se eu tivesse dito "não" ou "sim" hoje? Por exemplo: "não" para um programa de fim de semana ou "sim" para um projeto.
* Que limites estão me ajudando ou me ajudariam neste momento se fossem adotados? Por exemplo: tempo dedicado às redes sociais.
* Se eu já vivesse de acordo com limites saudáveis, como me sentiria? Escreva a resposta no tempo presente. Por exemplo: "Sinto-me empoderado.", "Sinto-me confiante.", "Estou alegre.", "Estou equilibrado.".
* O que posso dizer a mim mesmo que vai me ajudar a respeitar melhor meus limites? Por exemplo: "Mereço estabelecer limites que me ajudem", "Cuido de mim e dos meus relacionamentos quando honro meus limites.". Consulte a lista de afirmações do Capítulo 6 caso precise de ajuda para criar suas próprias afirmações.

Ao final desse mês, você terá em mãos muitas informações úteis sobre seu modo de lidar com os limites, incluindo ideias de como utilizá-los da melhor maneira possível para cuidar melhor de si mesmo.

7.

Reparentalidade

REPARENTALIDADE

"Se você se acha um ser iluminado,
passe uma semana com sua família." – *Ram Dass*

No contexto terapêutico tradicional, o termo "reparentalidade" se refere à posição do terapeuta representando o papel do pai ou da mãe de um cliente que teve um tratamento disfuncional ou abusivo na infância e adolescência.

Entretanto, à medida que nossa sociedade se torna mais consciente, o processo da reparentalidade fica cada vez mais acessível fora das quatro paredes da sala de terapia. Assim, o termo é usado hoje em dia para identificar a ideia de um indivíduo que toma uma decisão consciente de ser pai ou mãe de si mesmo, de forma gentil e carinhosa, com o intuito de curar as feridas que sua criança interior ainda possa ter: um processo, às vezes, chamado de autoparentalidade.

O QUE SIGNIFICA "CRIANÇA INTERIOR"?

Talvez você já tenha ouvido a expressão "criança interior" e virado os olhos, pensando "Que baboseira é essa?". Compreendo essa atitude, pois termos desse tipo têm sido usados com exagero hoje em dia, soando, muitas vezes, como nada além de um clichê. Mas acredito que valha a pena detalhar melhor a ideia de forma a mostrar sua relevância para todas as pessoas.

Todos somos influenciados pelo ambiente que nos cerca desde o nascimento, moldados pelas pessoas importantes à nossa volta e pelos eventos que vivenciamos. Quando crianças, absorvemos muitas coisas de amigos, familiares, professores, cuidadores e todas as pessoas que passam por nossa vida. E, embora não reconheçamos conscientemente ou sequer nos lembremos de tudo o que vivenciamos, todas essas experiências são registradas no inconsciente e no corpo.

Muitos desses registros inconscientes costumam estar vivos dentro de nós quando adultos, como parte de uma criança interior com antigas feridas ainda abertas; e essa criança quer ser vista, ouvida e amada incondicionalmente. Portanto, a criança interior presente no íntimo de cada um de nós hoje é o reflexo da criança que fomos um dia. E ela geralmente precisa do nosso carinho e da nossa compaixão.

O QUE É "REPARENTALIDADE"?

A reparentalidade implica explorar necessidades ainda não supridas, preocupações, lembranças e histórias de nossa criança interior a partir da perspectiva de nossa maturidade atual, como adultos. O objetivo da reparentalidade é oferecer à nossa criança interior perspectivas diferentes das que foram vividas na infância, permitindo, enfim, que ela comece a responder de uma maneira mais saudável aos gatilhos que surgem agora, que somos adultos (ver o Capítulo 4, que aborda a dinâmica de funcionamento dos gatilhos).

A reparentalidade é uma jornada paralela de aprendizagem e "desaprendizagem". Consiste em descobrir necessidades que não foram supridas quando éramos crianças e aprender a provê-las hoje. Para isso, devemos desaprender os pensamentos, sentimentos e crenças limitantes que se formaram de modo inconsciente em nossos primeiros anos de vida relacionados a questões como segurança, amor e valor próprio.

Embora seja interessante aventurar-se nessa jornada sob a orientação de um terapeuta qualificado, todos temos a capacidade de ao menos dar início a ela sozinhos, se estivermos de fato dispostos.

POR QUE SER PAIS DE NÓS MESMOS?

Necessidades profundas não supridas quando somos muito novos geram traumas ou fazem com que uma parte inconsciente de nós fique presa naquelas fases de desenvolvimento, deixando-nos incapazes, mesmo na idade adulta, de superar as crenças e os padrões que se formaram em torno desses incidentes ocorridos naquela época.

Nesses casos, embora pareça que somos adultos perfeitamente funcionais, nossa criança interior continua assustada e insegura, usando muita energia para dar conta de lidar com as experiências passadas.

Se, por exemplo, nossa parte infantil e vulnerável for provocada de alguma maneira na vida adulta, por exemplo, por um tom de voz alterado que nos faça recordar de alguma ocorrência da infância, provavelmente reagiremos a partir da ferida daquela época, usando, para isso, a visão e a sabedoria que tínhamos na tenra infância, que obviamente não eram muito desenvolvidas.

Podemos, portanto, agir da forma mais gentil possível diante de uma pessoa que fala conosco em tom de raiva, tentando impedir que essa raiva aumente, ou nos afastar de uma situação desagradável para "desaparecer" e buscar proteção, embora o ideal fosse nos sentirmos empoderados para responder à altura a algo que nos causou desconforto.

Ao aprendermos a ser pais de nós mesmos como adultos, damos à nossa criança interior aquilo de que ela precisa para se sentir segura e amada aqui e agora, rompendo, assim, velhos padrões, como sermos simpáticos com alguém que nos trata mal, ou sentirmos insegurança para responder à altura. Ao agirmos dessa forma, essa parte de nossa criança interior começará a relaxar e se integrar à pessoa consciente e confiante que nos tornamos hoje.

Em suma: com a reparentalidade, começamos a nos moldar de novo. Ela é, portanto, um processo de cura poderoso para a maioria das pessoas.

É importante lembrar que somos todos seres humanos imperfeitos criados por outros humanos imperfeitos. O processo de reparentalidade não é, portanto, um exercício de culpar nosso passado ou nossos cuidadores. A reparentalidade nos permite:

* Entender e validar as experiências passadas.
* Curar feridas criadas no início da vida e que carregamos até hoje (por menores que sejam).
* Superar crenças limitantes que se formaram nos nossos primeiros anos de vida.
* Criar novos padrões de pensamento e comportamento que nos permitam viver mais felizes e mais saudáveis.

AS CRENÇAS E OS PADRÕES QUE DESENVOLVEMOS NA INFÂNCIA PERMANECEM EM NOSSO ÍNTIMO ATÉ QUE COMECEMOS A QUESTIONÁ-LOS.

Uma jornada de reparentalidade pode lhe ser útil se você:

* Reconhece padrões tóxicos em seus relacionamentos.
* Cresceu em um ambiente volátil.
* Teve, na infância, um cuidador negligente, abusivo ou ausente.
* Sente dificuldade para definir e manter limites.
* Sente que seu amor-próprio depende das opiniões dos outros.
* Acredita que praticar o autocuidado é uma atitude indulgente.
* Tem um diálogo interno negativo.
* Sente dificuldade para tomar decisões porque teme decepcionar os outros.

NOSSOS PAIS INTERIORES

Conscientes disso ou não, todos nós já somos pai ou mãe de nós mesmos em vários sentidos, pois somos responsáveis por suprir nossas próprias necessidades. Entendo que algumas pessoas achem essa afirmação um pouco estranha. Vejamos, então, alguns exemplos de como isso se dá na prática.

Quando você está com fome, quem compra sua comida? Quando precisa de um casaco novo, quem vai até a loja e compra um para você? Se está triste, quem fica com você até a tristeza passar, sem se afastar por um instante que seja? Claro que a resposta a todas essas perguntas é você mesmo (ainda que tenha companheiros, amigos ou familiares que prestem ajuda nessas situações).

Entretanto, como geralmente não temos consciência de que exercemos essa função paterna ou materna para nós mesmos, raramente temos consciência da qualidade dessa maternidade ou paternidade.

Infelizmente, essa falta de percepção costuma reproduzir as atitudes e o estilo de educação de nossos cuidadores originais e/ou reforçar crenças inconscientes, talvez não ideais, que se formaram nas primeiras fases da vida.

O segredo para uma reparentalidade bem-sucedida é, portanto, tomar consciência da nossa função como pai ou mãe da criança interior e decidir ativamente, com base nas necessidades dessa criança, que tipo de pais queremos ser.

PAUSA DE CINCO MINUTOS:
AVALIE SEU PAI OU SUA MÃE INTERIOR

Responda a estas perguntas para descobrir que tipo de pai ou mãe de si mesmo você é:

* Trato minha criança interior com gentileza, compaixão e apoio? Falo comigo mesmo de modo gentil, dou valor a mim mesmo e cuido de minhas necessidades mais básicas?
* Ou sou um pai ou mãe rigoroso e crítico? Ou até mesmo ausente? Será que desprezo minhas necessidades e dou mais foco a pontos negativos do que aos positivos? Será que desencorajo a expressão de minhas emoções?

Sejam quais forem as respostas, qual é o tipo de pai ou mãe de mim mesmo que eu gostaria de ser a partir de agora?

A ANALOGIA DO AQUÁRIO

Nas páginas a seguir você encontrará sugestões de como iniciar sua jornada de reparentalidade consciente. Mas talvez seja interessante, antes de começar a se aprofundar nessas informações, visualizar um aquário cheio de água com um peixe nadando. O peixe representa a pessoa adulta que você é hoje e a água representa as experiências da sua infância.

Inevitavelmente, a água terá acumulado certa quantidade de sujeira insalubre durante o tempo em que você nadou por ali e, dependendo da natureza de suas experiências infantis, ela pode estar bem suja e viscosa.

Agora, imagine-se filtrando todos os detritos da água, até não haver mais nada além de água limpa (o processo de purificação representa você estabelecendo novos hábitos saudáveis de reparentalidade com sua criança interior).

Ao realizar esse trabalho de limpeza, você não apenas contará com uma água mais pura, mas também terá compreendido melhor a importância de manter a qualidade da água. Assim, não permitirá mais que a mesma quantidade de impurezas se acumule, seja de sujeira trazida por você, seja daquela trazida por outras pessoas que invadem seu aquário.

Essa analogia do aquário é um lembrete visual de que as antigas lembranças que armazenamos podem, com o tempo, nos impactar quando adultos; mas podemos, por outro lado, purificar o aquário quando quisermos, permitindo que o peixe nade com mais espaço e facilidade novamente (ou seja, que o *self* adulto siga a vida com mais tranquilidade e satisfação).

PAUSA DE CINCO MINUTOS: LIMPE SEU AQUÁRIO

Por alguns momentos, pense na água em seu aquário. Como ela está? E como é a sensação de nadar nela? Responda a estas perguntas:

Fiz ou estou fazendo agora alguma coisa para deixar a água mais suja?

O que deixei as outras pessoas colocarem na água?

Que pequenas providências posso tomar para deixar a água mais pura de agora em diante?

Antes de começar, considere os seguintes pontos:

* A reparentalidade é um processo lento e contínuo, mas traz grandes benefícios a quem o aplica. Paciência e compaixão são suas duas melhores aliadas.
* É provável que você cometa alguns erros no caminho; portanto, fique em paz com essa possibilidade desde já. Não se trata de um processo de ruptura, e sim de reparação.
* A jornada da reparentalidade pode ser desafiadora. Se possível, atravesse-a com a ajuda de um terapeuta qualificado.
* Tudo bem se não for o momento certo para começar. Leia o material e saiba que a orientação está aqui para quando e se precisar dela.

MANEIRAS DE SE CONECTAR COM SUA CRIANÇA INTERIOR

Alguns dos principais modos para se conectar com sua criança interior (ou purificar a água do seu aquário) são:

* Recordação visual.
* Voltar a brincar!
* Escrever uma carta para sua criança interior.
* Diálogo interno gentil.

Nós nos aprofundaremos em cada um deles daqui a pouco.

No entanto, é importante lembrar que o trabalho de conexão com sua criança interior pode ser desafiador tanto para sua mente quanto para seu corpo. Sempre enfatizo como é importante aplicar esse processo lenta e cuidadosamente.

De vez em quando, responda a estas perguntas para verificar como está indo: Tenho a energia para me envolver com isso agora? Qual é a sensação no meu corpo? Qual é a minha intenção? Tenho estrutura para lidar de modo gentil com o que quer que se manifeste?

Só continue quando tiver certeza de que está com a estrutura e a capacidade de se munir com todo o amor e toda a gentileza necessários. E, a cada vez que terminar um dos exercícios de conexão com a criança interior, visualize-se acalentando-a de volta ao aconchego e aos cuidados de seu coração bondoso, jamais deixando-a exposta quando retornar às atividades cotidianas normais.

RECORDAÇÃO VISUAL

Uma maneira de se conectar com sua criança interior é "viajar no tempo", de volta à infância, usando uma foto de seu *self* mais novo, como uma forma de buscar inspiração:

1. Procure uma foto, ou mais de uma, de você quando era um bebê, uma criança pequena e/ou uma criança um pouco mais velha.

2. Passe algum tempo em silêncio apenas olhando para as fotos até redescobrir como você era.
3. Sintonize-se com os sentimentos que vierem à tona enquanto você faz isso. Por exemplo, quais são as sensações físicas? Quais são as emoções? Essa tarefa pode ser difícil para muitas pessoas; por isso, vá com calma. Lembre-se de que é sempre mais fácil sentir compaixão pelos outros do que por nós mesmos. Afinal, talvez tenhamos rejeitado ou ignorado nossa criança interior por muito tempo.
4. Permita que os sentimentos emerjam, sem criticá-los ou julgá-los. Não precisamos entender totalmente cada um dos sentimentos, nem por que surgem. Simplesmente trate todos eles com atenção e gentileza.

O objetivo aqui é reconhecer, até certo ponto, que, independentemente do que vier à tona, podemos deixar o sentimento se expressar, sempre oferecendo à nossa criança interior a compaixão de que ela tanto precisa.

Voltar a brincar!

Arrumar tempo para incluir na vida adulta atividades que você gostava de realizar quando criança é um dos meios de cura menos valorizados, apesar de ser algo muito acessível. Quando encontramos tempo para algum tipo de brincadeira ou atividade que amávamos quando mais jovens, nossa criança interior é vista, ouvida e valorizada. Brincar é tão importante na idade adulta quanto era na infância.

1. Procure um local confortável para se sentar com um caderno e uma caneta, e pense no que lhe trazia alegria quando era criança.
2. Permita-se mergulhar nas lembranças e nos sonhos, pensando: o que você gostava de fazer. As respostas podem incluir qualquer coisa, como ler livros, assistir a filmes, praticar algum esporte ou jogo, brincar com certos brinquedos, passar um tempo com certas pessoas ou animais, aprender sobre alguns assuntos ou comer determinado tipo de alimento...
3. Seja ao mesmo tempo o mais específico e geral que puder, anotando tudo o que lhe vier à mente.

4. A partir do que estiver na lista, escolha algo que gostaria de "recriar", ou reintroduzir na sua vida. Por exemplo, se você gostava de nadar, será que consegue fazer isso esta semana? Se gostava de subir em árvores, consegue ir a algum clube onde as pessoas praticam escalada? Se adorava pintar, não poderia achar tempo para essa atividade agora ou frequentar um curso? Para uma pessoa, "recriar" pode ser ir à praia para fazer um castelo de areia; para outra, pode ser cantar com toda potência dos pulmões; para uma terceira, pode ser desenhar e pintar. Outras possibilidades seriam dançar no quarto, reler os livros de Harry Potter (ou outro que fosse o seu favorito na infância) ou qualquer coisa que você ache absolutamente deliciosa.
5. Entenda que, no começo, talvez você ache estranho voltar a brincar, e fará objeções do tipo "Não posso fazer isso" ou "Não tenho tempo". Mas insista e deixe para trás todas essas resistências.
6. Sintonize-se com qualquer sentimento que vier à tona enquanto recria as diversões favoritas para sua criança interior e anote tudo. Aproveite esse tempo em que escreve para explorar qualquer sensação de vergonha ou de estar agindo como um tolo que possa surgir. É normal se sentir bobo ou até nervoso no começo. Persista e mantenha a mente aberta.

Escrever uma carta para sua criança interior

Se pudesse passar um momento com você aos 4 anos de idade, o que diria a essa criança? E aos 8 anos? E aos 12? Reconhecer e interagir com sua criança por meio de uma mensagem escrita é um modo poderoso de se conectar com seu *self* mais novo:

1. Pegue papel e caneta e procure um local confortável onde se sinta seguro e à vontade.
2. Fique centrado por alguns instantes, visualizando-se como o pai ou mãe gentil de que precisava quando era criança, deixando o amor e a compaixão por sua criança interior se manifestarem livremente.
3. Escreva uma carta que faça sua criança interior se sentir segura e amada. Se necessário, cite uma lembrança feliz; você pode incluir um pedido de perdão ou uma promessa; ou faça uma declaração simples expondo um desejo de estabelecer uma conexão mais forte com sua criança interior.

Não há um jeito certo ou errado de fazer isso, e ninguém estará julgando suas escolhas.

4. Enquanto escreve, pergunte a essa criança o que ela sente e do que precisa naquele exato momento, e oriente sua escrita a partir das respostas a esses questionamentos. Se você sentir emoções fortes durante esse processo, tudo bem. Permita que as lágrimas escorram sem qualquer embaraço; aliás, orgulhe-se de sua coragem de expressá-las e parabenize-se por ser o pai ou mãe gentil de si mesmo.

Depois de escrever essa primeira carta à sua criança interior, talvez você sinta vontade de escrever várias outras no decorrer dos dias e das semanas seguintes. Pois faça isso, se for o caso.

Talvez você sinta, inclusive, que sua criança interior gostaria de responder à carta, pois pode ter algo a dizer ou perguntar. Caso surja esse impulso, respeite-o. Se usar a mão não dominante para isso, poderá superar o lado lógico do cérebro para aprofundar o contato com o que a criança interior está sentindo de fato. Tente explorar, por exemplo, se, quando criança, você sofria repreensões por determinado tipo de comportamento, e expresse agora como se sentia nesses momentos.

Nesse caso, em qualquer outra carta que você escrever em resposta à sua criança interior, não se esqueça de oferecer a ela a paciência, o espaço, o amor e a gentileza de que ela tanto precisa nesse processo.

Ao desenvolver um diálogo com a criança interior por meio de mensagens escritas, você cria um espaço no qual poderão ocorrer efetivamente a cura e a transformação.

Diálogo interno gentil

As crianças costumam acreditar que serão amadas ao conseguirem notas boas na escola ou ao se comportarem de determinadas maneiras. Alguns pais nunca disseram a seus filhos e suas filhas que eles mereciam amor independentemente do seu desempenho intelectual ou do seu comportamento adequado ou não.

Por mais terrível que isso tenha sido para a nossa criança e também para o nosso *self* adulto, temos a oportunidade, na idade adulta, de dizer a nós mesmos

QUERIDA CRIANÇA
INTERIOR, EU SEI QUE
VOCÊ SE MAGOOU.
QUERO QUE SAIBA QUE É AMADA,
QUE NÃO HÁ NADA ERRADO
COM VOCÊ E QUE VOCÊ É ÓTIMA
EXATAMENTE DO JEITO QUE É.
EU TE GARANTO QUE
VOCÊ ESTÁ EM SEGURANÇA.

as palavras que precisávamos desesperadamente ouvir quando éramos novos. Há muitas coisas que nossa criança interior precisa ouvir em um tom calmo e suave de um pai ou mãe delicado.

Eis algumas palavras de afeto que você pode dizer à sua criança anterior:

* "Eu amo você."
* "Eu protejo você."
* "Desculpe-me."
* "Obrigado".
* "É bom brincar."
* "Você está em segurança."
* "Eu te ouço, e tenho orgulho de você."
* "Tudo bem se você sentir essa emoção."
* "Você não merecia viver tudo isso que lhe aconteceu."
* "Você é ótima exatamente do jeito que você é."

PAUSA DE CINCO MINUTOS:
CUIDE DA SUA CRIANÇA INTERIOR

A qualquer momento do dia, como, por exemplo, ao se olhar no espelho, pôr a chaleira no fogão, deslocar-se até o trabalho, responda à seguinte pergunta:

* O que minha criança interior mais precisa ouvir?

E, então, diga a ela palavras gentis que correspondam a essa necessidade, em voz alta ou mentalmente. Sua capacidade natural de oferecer amor é a chave para a cura e o crescimento pessoal.

CULTIVANDO SEGURANÇA

Garantir a segurança nos relacionamentos, tanto com os outros quanto com nós mesmos, é uma parte importante da aprendizagem da reparentalidade e, portanto, do início da cura de feridas emocionais que se formaram na infância.

Uma pergunta que faço de tempos em tempos, tanto a mim mesma em minha jornada pessoal de reparentalidade quanto aos meus pacientes durante o processo terapêutico, é: "Você se sentia seguro quando era criança?".

A resposta mais comum, quando não há registro de abuso infantil, é: "Sim. Claro que me sentia seguro". Isso pode ser verdade, em um nível físico. Mas e quanto ao nível emocional?

Quando nos sentimos emocionalmente seguros, somos capazes de expressar plenamente nosso *self* autêntico e compartilhar, inclusive, aquelas partes nossas que são mais vulneráveis.

Nosso nível de segurança emocional na infância e juventude depende de quão seguros nos sentíamos para:

* Mostrar emoções.
* Expressar opiniões.
* Compartilhar metas e sonhos.
* Ser sinceros quanto aos nossos medos.
* Não ter *todas* as respostas.
* Cometer erros.
* Procurar afeto.
* Chorar e sentir tristeza.
* Pedir ajuda.
* Fazer perguntas.
* Brincar e representar ("faz de conta").
* Dizer "não".

PAUSA DE CINCO MINUTOS:
DEFINA SEU SENTIDO DE SEGURANÇA EMOCIONAL

Por um momento, reflita sobre seu nível de segurança emocional quando criança, respondendo a estas perguntas:

* Eu conseguia expressar uma opinião sem medo de repreensão física ou verbal? Conseguia falar de um assunto delicado sem ter medo de ser humilhado?
* O que acontecia quando eu chorava?
* O que acontecia quando eu ficava alegre ou triste?
* O que acontecia quando eu pedia ajuda ou respondia "não"?

Quando uma criança se sente insegura em um nível emocional ou físico, pode procurar inconscientemente uma saída ou ilusão de segurança, desempenhando um destes papéis na vida:

* O brilhante realizador.
* O terapeuta da família.
* O "bom" filho.
* O pai ou a mãe.
* O brincalhão.
* O rebelde.

Se você reconhecer que interpretou um desses personagens em sua estrutura familiar, ou que ainda adota esse papel em qualquer situação no dia a dia, transmita essa descoberta ao primeiro pilar, a Cura da Criança Interior, e comece a examinar mais profundamente o propósito de assumir o personagem.

Cultivando segurança nos relacionamentos

Todos desempenhamos diversos papéis nos relacionamentos da vida: familiar, amigo, colega de trabalho, parceiro romântico... Seja qual for a dinâmica, essas interações podem parecer emocionalmente saudáveis e "seguras", ou emocionalmente não saudáveis e "inseguras".

Um de nossos papéis, como pai ou mãe interior recém-consciente, é apurar com quem nossa criança interior passa o tempo. Afinal de contas, qualquer bom pai quer ter a certeza de que seu filho está na companhia de pessoas gentis e que as façam se sentir bem, ou seja, indivíduos emocionalmente seguros!

Estas são algumas das qualidades desses indivíduos:

* Aceitam.
* Apoiam.
* Respeitam.
* Têm autopercepção.
* Têm limites claros.
* São coerentes.
* São bons comunicadores.
* São bons ouvintes.
* Assumem a responsabilidade por seus atos.

Características de indivíduos emocionalmente inseguros:

* São instáveis.
* Não refletem antes de tomar atitudes.
* São intrusivos ou controladores.
* São hostis à expressão das emoções.
* Ficam na defensiva.
* Desconsideram os outros.

* São incoerentes e confusos.

* São imprevisíveis.

É importante lembrar que ninguém é só uma coisa ou outra; nesse caso, ninguém é 100% emocionalmente seguro ou 100% emocionalmente inseguro. O mesmo vale para nós. Todos exibimos comportamentos que podem ser considerados emocionalmente inseguros.

Assim, seria uma boa ideia fazermos uma pausa para respirar fundo e examinar a saúde e a funcionalidade de qualquer relacionamento em que as características inseguras sejam recorrentes ou contínuas, em vez de raras.

Nosso grau de segurança geralmente é determinado apenas pela "vibração" que captamos da outra pessoa: aquela intuição que nos diz: "Não me sinto à vontade para me abrir com essa pessoa", ou "Não posso confiar neste fulano".

PAUSA DE CINCO MINUTOS:

AVALIE COMO AS PESSOAS FAZEM VOCÊ SE SENTIR

O melhor portal que podemos abrir para a nossa verdade é o corpo. Assim, depois de passar algum tempo na companhia de uma pessoa, reflita um pouco sobre o efeito que o contato teve em você. Pergunte-se:

* Como me sinto fisicamente perto dessa pessoa?

* Quando saio de perto dela, sinto-me (geralmente) confiante e satisfeito, ou arrasado e deprimido?

* De um modo geral, o que me dá a sensação de segurança nos relacionamentos?

* E o que me daria mais segurança nesse relacionamento específico?

É importante reconhecer que não é possível criar um sentido de segurança em relacionamentos abusivos. Algumas pessoas consideram que isso se aplica até mesmo a relacionamentos que já foram abusivos no passado, ainda que hoje não o sejam mais.

Sentir-se seguro é algo que exige tempo e prática. Nas páginas a seguir você encontrará várias dicas para desenvolver seu sentido de segurança emocional em relacionamentos não abusivos:

Em vez de interromper, conter a expressão de suas ideias

Desenvolvemos segurança emocional em nossos relacionamentos quando fazemos um esforço para escutar o outro com atenção. Isso acontece quando você se concentra exclusivamente na outra pessoa: nada de celular, *laptop*, TV; quando você estabelece contato visual; quando toma cuidado com suas expressões faciais; quando encoraja a outra pessoa, seja ela um parceiro, amigo, membro da família, a falar; quando contém a expressão de suas ideias até que a pessoa conclua o que está dizendo.

Em vez de julgar, reagir com curiosidade

É muito difícil não julgar o que os outros dizem quando não gostamos ou discordamos de seus argumentos. Mas a verdade difícil de aceitar é que o fato de uma pessoa dizer algo que não apreciamos não significa que ela esteja errada ou que seja uma má pessoa. Ela provavelmente está expressando uma ideia que soa para ela como correta. E jamais desenvolveremos nossa segurança emocional se nos limitarmos a criticar, sempre.

Portanto, exceto naquelas situações abusivas em que você sentir que alguém está tentando manipulá-lo ou controlá-lo, tente reagir com curiosidade em vez de isolar as pessoas com críticas e julgamentos.

Você terá sucesso nessa empreitada se fizer perguntas com o intuito de entender a perspectiva do outro, antes de decidir como vai reagir. Nessas interações, tente se lembrar de que gosta da outra pessoa e que ela é importante para você; dessa forma, será mais fácil refrear os julgamentos.

Em vez de reagir, praticar a pausa

Parte da segurança emocional consiste em saber que podemos compartilhar questões sem medo de sermos humilhados ou prejudicados, mesmo que estejamos expressando verdades incômodas. Portanto, é sua responsabilidade praticar a autorregulação quando uma pessoa querida lhe diz qualquer coisa, por mais doloroso que seja ouvi-la.

Isso implica ser capaz de fazer uma pausa, em vez de imediatamente perder a calma e explodir. Basta um segundo. Se você conseguir esperar um segundo antes de responder, logo terá dois. De dois segundos, terá três, e assim por diante. Nossa reação nessas situações mostra à outra pessoa como nos sentimos em relação ao que está sendo compartilhado; por isso, ela tem o poder tanto de dar ao outro espaço para se expressar quanto, por outro lado, de fazer com que se sinta isolado e acabe se fechando.

Em vez de se defender, tentar legitimar

Pesquisas realizadas pelo prestigioso centro de pesquisas do Instituto Gottman constataram que dois terços das discussões de casais não chegam a uma resolução. Portanto, quando você se vir em uma discussão, em vez de defender seus argumentos para persuadir o parceiro (ou amigo) a concordar com você, tente compreender o lado dele, sem tentar fazê-lo mudar de ideia (mesmo que não concorde com o que ele diz).

Podem haver consideráveis ganhos para a segurança emocional no relacionamento quando as duas partes estão dispostas a valorizar a opinião do outro, em vez de ficarem se concentrando em encontrar bons argumentos que provem que a outra pessoa está errada ou confusa.

Assim, em vez de reagir com palavras como "Não entendo como você pode pensar tal coisa", experimente uma frase que legitime o que foi dito, como "Isso me soa entranho/não sei se concordo com você – mas eu entendo o que você quer dizer".

Em vez de internalizar, investir na comunicação

Vale a pena investir em conversas francas sobre a questão da segurança emocional com pessoas queridas. Se você precisa de algo para quebrar o gelo, experimente falar sobre esta parte do livro com essas pessoas como uma forma de dar início à conversa.

Por exemplo, pode ser imensamente útil compartilhar com aquela pessoa amada quais comportamentos fazem você se sentir seguro e quais não fazem. Outra conversa importante no campo da segurança emocional pode ser sobre limites, como vimos no Capítulo 6. Um bate-papo franco sobre esse tema nos permite explicar, por exemplo, que não nos sentimos à vontade ou seguros falando certas coisas sobre determinadas pessoas.

A internalização costuma gerar ressentimento. A segurança emocional (e a confiança) exige, enfim, que sejamos vulneráveis, mas com coragem para comunicar abertamente nossas experiências e necessidades.

Cultivando segurança em nós mesmos

Espero que já tenha ficado claro como é importante criar e promover segurança emocional nos relacionamentos no decorrer do processo de reparentalidade. Mas também devemos entender a necessidade de criar essa segurança emocional em nós mesmos. Eis, então, uma série de dicas para você começar:

Identificar âncoras

Se você tiver clareza sobre o que o faz se sentir seguro ou inseguro nos diversos aspectos da vida, poderá usar esses elementos como âncoras para reforçar sua sensação de segurança sempre que isso se fizer necessário. Então:

1. Pegue papel e caneta.
2. Tente identificar o que contribui para seu sentido de segurança, respondendo às seguintes perguntas:
   * O que me faz sentir fisicamente seguro?
   * O que me faz sentir seguro em um relacionamento?
   * O que me dá segurança financeira?
   * O que me faz sentir centrado?
   * Quando me sinto inseguro? E qual é a sensação física desse sentimento?
   * O que posso fazer para criar segurança emocional quando me sinto inseguro?
   * O que poderia aumentar minha sensação de segurança?

A boa notícia é que muitas das coisas que podem nos ajudar a sentir mais segurança são facilmente acessíveis. Por exemplo, uma conversa com uma pessoa querida, respirar ar puro ou passar algum tempo com um animal de estimação. Outras podem ser um pouco mais difíceis, porque são âncoras "relacionais", que exigem a participação de outras pessoas (um amigo, o pai, a mãe ou um terapeuta) ou são âncoras "programadas" que requerem planejamento, paciência e tempo.

Eis alguns exemplos de âncoras de segurança mais acessíveis:

* Exercícios de respiração.
* Passar algum tempo com um animal de estimação.
* Caminhar na natureza.
* Determinar limites para compromissos sociais.

Exemplos de âncoras relacionais:

* Conversar com uma pessoa querida.
* Ir ao cinema ou fazer algum outro passeio com um amigo.
* Uma sessão de terapia.

Exemplos de âncoras programadas:

* Mudar padrões de comportamento.
* Economizar dinheiro.
* Abandonar ambientes tóxicos.

Honrar os acordos

Aprender a confiar em si mesmo é outra parte importante da reparentalidade. Você pode fazer isso de uma maneira simples, estabelecendo pequenos compromissos.

Pode não parecer nada muito grave dizer para si mesmo "Amanhã vou fazer X, Y ou Z" e depois não fazer aquilo com que se comprometeu, por um motivo ou outro. Com o tempo, porém, esse hábito de prometer e quebrar pequenas promessas para si mesmo tem um grande impacto, pois o desrespeito a pequenos compromissos causa uma perda da autoconfiança e abala sua sensação de ser ouvido e valorizado.

Ao honrar os pequenos contratos do dia a dia, você desenvolve seu sentido de autoconfiança e fortalece a autoestima, além de mostrar à sua criança interior que sua palavra tem valor.

Por outro lado, se você rompe seguidamente esses pequenos acordos, pode ser um sinal de que os termos deles precisam ser repensados ou talvez que eles não sejam adequados para você no momento. Nesse caso, pode ser preciso redefini-los.

Identificar comportamentos internos inseguros

Todos nós exibimos comportamentos emocionais "inseguros" de vez em quando. Parte do processo de estabelecimento de uma sólida segurança emocional em nosso íntimo consiste em identificar os comportamentos inseguros que transparecem nas nossas atitudes. Descobrir quais desses comportamentos são esporádicos e quais são habituais dá uma boa noção dos seus problemas mais enraizados.

Ao reconhecer um comportamento inseguro como, por exemplo, adiar uma consulta médica, recorrer a substâncias inebriantes em momentos de estresse ou enviar mensagens a um ex-namorado ou a uma ex-namorada em momentos de solidão, pergunte-se:

* O que esse comportamento pode estar encobrindo?
* Que necessidade não está sendo suprida?
* Como atender a essa necessidade?
* Como me tranquilizar nesse momento de insegurança?
* Será que desejo comunicar o que estou sentindo a alguma outra pessoa?
* Em caso afirmativo, como fazer isso de um modo que permita que eu seja ouvido?
* Como quero me sentir depois dessa conversa? O que aconteceria, então?

É importante não deixar que o reconhecimento de comportamentos inseguros se torne uma oportunidade para você se autodepreciar, pois isso não acarretaria nada de bom. O reconhecimento desses comportamentos é apenas um sinal de que você está começando a saber mais sobre si próprio como parte da sua jornada de autoconhecimento; por isso, é uma oportunidade de ser gentil consigo mesmo, de assumir responsabilidades e realinhar seu comportamento de um modo mais autêntico e útil para você a partir de agora.

REPARENTALIDADE COMO UMA FORMA DE AUTOCUIDADO

A reparentalidade é essencialmente uma prática de autocuidado, pois implica aprender a cuidar das nossas necessidades, tanto da criança que um dia fomos como do adulto que somos hoje. O autocuidado exige que nos tornemos cientes dos padrões e das crenças que motivam nossos pensamentos e comportamentos, e pressupõe que tomemos a cada dia decisões no sentido de atender aos nossos próprios interesses e aos interesses dos relacionamentos com as pessoas à nossa volta. Aos poucos, esse processo de reparentalidade vai dando a sensação de volta para casa.

Ninguém nos conhece tão bem quanto nós mesmos (nem nosso terapeuta, se ele existir!). Por isso, assim como um pai amoroso e atento capaz de decifrar as necessidades de seus filhos, cada pessoa já sabe, consciente ou inconscientemente, muito sobre sua criança interior e as necessidades dela. Verificar quais são essas necessidades e honrá-las regularmente aprofundará esse conhecimento e dará à sua criança interior a sensação de segurança na sua capacidade de atendê-las.

Por exemplo, quando você sente fome, pense em qual seria sua atitude diante de uma criança com essa necessidade. Mandaria a criança esperar por mais duas horas ou providenciaria algum lanchinho para satisfazer o apetite até que chegue a hora do jantar? Se você se sente exausto ou sufocado, o que faria diante de uma criança nas mesmas condições? Diria "Azar o seu" e a obrigaria a cumprir as tarefas? Ou seria compassivo e cuidaria de seu conforto? E quando uma criança comete um erro? Acharia certo repreendê-la e sempre fazê-la se lembrar do engano, ou seria melhor lembrar que os erros fazem parte da vida,

EXEMPLOS DE PEQUENOS COMPROMISSOS DIÁRIOS:

- LEVANTAR ÀS 8H.
- MEDITAR POR CINCO MINUTOS TODAS AS MANHÃS.
- FAZER UMA CAMINHADA CURTA APÓS O CAFÉ DA MANHÃ.
- LER DEZ PÁGINAS DE UM LIVRO.
- ESCREVER NO DIÁRIO POR DEZ MINUTOS ANTES DE DORMIR.
- IR PARA A CAMA ÀS 22H.

parabenizando-a por ser tão corajosa e depois lhe perguntando o que ela aprendeu com o ocorrido?

PAUSA DE CINCO MINUTOS: CRIE UMA ROTINA

Como parte de sua rotina de reparentalidade e autocuidado, é interessante criar o hábito de:

* Perguntar-se de tempos em tempos: "Do que preciso neste momento?".
* Suprir essa necessidade, sem culpa.

Como pai ou mãe de si mesmo, lembre-se de que o fato de você poder realizar algo em certo momento não significa que terá a capacidade de fazê-lo sempre. Então, observe como se sente e como estão o espaço ao seu redor e sua energia no momento atual.

Vão surgir situações em que você vai precisar seguir em frente independentemente do que estiver sentindo, mas serão raras as circunstâncias em que as coisas não vão melhorar após um bate-papo reconfortante com seu pai interior. À medida que você começa a respeitar sua criança interior, vai descobrir que está passando a valorizar mais seu *self* adulto, também.

A ARTE DA AUTODISCIPLINA

Outra peça do quebra-cabeça da reparentalidade é a arte da autodisciplina. Não nascemos com a habilidade para administrar nossos impulsos e nos autodisciplinar; aprendemos isso na infância, com a convivência no seio familiar, no sistema escolar, nas atividades extracurriculares etc. E, quando a autodisciplina não é internalizada de maneira equilibrada e justa na infância, nosso relacionamento com ela pode ser muito distorcido na fase adulta.

Se nosso cuidador era, por exemplo, displicente, distraído ou cedia facilmente a nossos caprichos, nossos impulsos podem determinar as escolhas que fazemos como adultos e talvez esperemos uma gratificação imediata, recusando a

QUEM CRESCE EM UM AMBIENTE CAÓTICO PODE CONFUNDIR INTENSIDADE COM INTIMIDADE E SEGURANÇA COM PERIGO.

disciplina saudável e recompensas que demorem para chegar. Se, por outro lado, tivemos um cuidador autoritário ou cruel, podemos desviar por outro caminho, com a autodisciplina se tornando uma prática de autopunição. Cada um de nós reage de uma maneira diferente às lições aprendidas na infância.

Por outro lado, se nosso cuidador principal definia as regras com firmeza, mas também com amor, e fazia com que fossem cumpridas, ele nos deu, então, um bom modelo de autodisciplina para a vida adulta. Alguns exemplos desse modelo seriam arrumar o quarto antes de brincar, praticar piano antes de assistir TV, fazer a lição de casa antes de passar o final do dia batendo papo em algum aplicativo de mensagens.

PAUSA DE CINCO MINUTOS:
SUA EXPERIÊNCIA DE DISCIPLINA

Para saber como é seu relacionamento atual com a autodisciplina, responda às seguintes perguntas:

* Como a ideia da disciplina foi transmitida para mim na infância?
* Como meu cuidador principal estabelecia regras? Fazia isso com firmeza e amor? Ou ele era distraído? Ou, ainda, será que não havia regras? Ou ele era autoritário? Não? Então, como era seu estilo?
* Eu tive, afinal, um bom modelo de autodisciplina?

Quando éramos crianças e adolescentes, a última coisa que queríamos era lavar a louça, passar o aspirador de pó na sala ou perder horas na escola estudando uma matéria chata (no meu caso, matemática comercial!). Mas o processo de reparentalidade exige que realinhemos nossa visão sobre a disciplina, que a vejamos como um modo de focar a energia, exercitar a paciência e sentir uma maior satisfação e orgulho por nossas escolhas.

A prática de autodisciplina é vital para deixar claro para nossa criança interior que cuidamos dela. Se você, às vezes, ficava sozinho ou na companhia de uma babá quando era pequeno, talvez achasse bom passar algumas horas livre dos seus pais; mas, no fim, queria mesmo era saber a que horas seus cuidadores voltariam para casa. O mesmo acontece com a criança interior. A autodisciplina mostra que, embora exista um tempo para ficar correndo livre sem a presença dos pais, eles acabarão voltando para deixar a criança segura.

É importante compreender que o fato de você enfrentar problemas com autodisciplina não significa que lhe falte força de vontade. Se você considerar como era a ideia de autodisciplina na infância e juventude, e realinhar o significado dessa autodisciplina começando a fazer pequenos acordos diários com você mesmo (como vimos anteriormente), logo conseguirá separar a ideia de disciplina do que experimentou quando era criança (isto é, como autopunição!). E, a partir daí, poderá reintegrá-la mais facilmente em sua vida.

REPARENTALIDADE COMO UM MEIO DE AUTOCUIDADO

Cuidar de si mesmo e sustentar-se de uma maneira autêntica é muito mais simples do que a forma como muitas vezes a ideia é abordada pela mídia, com aquela obsessão crescente por alimentos sofisticados, produtos caros e rituais estranhos. Na verdade, o processo da reparentalidade pode ser visto como uma forma de autocuidado muito objetiva.

PAUSA DE CINCO MINUTOS:
IDENTIFIQUE O AUTOCUIDADO NECESSÁRIO

Estas perguntas guiarão o leitor no caminho para o tipo de autocuidado necessário em todos os momentos:

* Como me sinto em meu corpo?
* Como me sinto em minha mente?
* Como me sinto em meu ambiente?
* Estou conectado com os outros?
* Estou conectado com a natureza?
* A forma como movimento meu corpo me agrada?

* Durmo o suficiente?
* Pratico a autorregulação?
* Bebo uma quantidade suficiente de água?
* Aprecio a comida?
* Estou me privando de alguma coisa?
* Me sinto apoiado com relação à minha saúde mental?
* Estou precisando de mais suporte?

Ao examinar suas respostas, você nota algumas áreas que precisam de mais atenção consciente? Talvez precise dormir mais? Ou mais apoio para sua saúde mental?

É muito importante não deixar que o autocuidado e a autossustentação se tornem itens do tipo "Você deveria fazer isso ou aquilo" e evitar que sejam usados para autodepreciação. Pelo contrário, use suas respostas como diretrizes benéficas para introduzir no dia a dia uma autossustentação e autoparentalidade mais coerentes.

Embora seja possível prosseguirmos em nossa jornada de autoconhecimento sem um terapeuta, psicólogo ou psiquiatra, isso nem sempre é seguro, principalmente se sofremos algum trauma severo.

Lembre-se, portanto, de que o autocuidado, a autossustentação e a autoparentalidade (ou reparentalidade) são *para* o *self* e não *feitos por* ele. Por isso, apesar de ser bom passarmos algum tempo sozinhos, precisaremos procurar ajuda se sentirmos que estamos desconectados das pessoas, sufocados no caminho escolhido, sem apoio ou com a sensação de que nossas tentativas de autocuidado e reparentalidade se transformam em isolamento emocional e reforço da traumatização.

Somos todos seres sociais (vocês também, companheiros introvertidos!), e a cura é um processo relacional. Então, embora pareça difícil, conectar-se com outra pessoa e aceitar que ela ofereça ajuda e apoio pode ser o passo mais importante para cuidarmos de nós mesmos e, a partir daí, dos outros.

LEMBRETES MENTAIS

Reserve cinco minutos ao fim de cada dia, durante um mês, refletindo sobre o seguinte:

* Como faço para me conectar com a minha criança interior? O que ela precisa ouvir? Por exemplo: você é inteligente, você é amada, entre outros.
* Como posso fortalecer meu sentido de segurança na vida? Por exemplo: praticar exercícios de respiração com mais frequência e reservar mais tempo para um amigo.
* Que pequeno acordo diário posso fazer comigo mesmo? Por exemplo: uma caminhada curta todas as manhãs. Não usar o celular a partir das 22h.
* Que adjetivos eu usaria para descrever meu pai/minha mãe interior hoje? E como gostaria que ele/ela agisse a partir de agora? Por exemplo: empoderador, compreensivo, crítico, atento, encorajador.

No fim do mês, você terá em mãos uma arca do tesouro de informações sobre como curar sua criança interior através do processo de reparentalidade, incluindo ideias de como deseja tratar a si próprio a partir de agora, para se sentir seguro e amado como todas as pessoas merecem ser.

8.

Olhar para o Outro

COMO SER UM BOM AMIGO

"A vergonha acaba quando as histórias são contadas em lugares seguros." - *Ann Voskamp*

Todos passamos por momentos desafiadores, e uma conexão autêntica com os outros pode nos ajudar nesses períodos. Isso significa não apenas a possibilidade de pedirmos ajuda e apoio das pessoas, mas também de que essas pessoas possam contar conosco. Enfim, de que maneira podemos ir além das nossas próprias questões e próprios interesses, sendo bons amigos daqueles que amamos?

AMIGOS QUE PRECISAM DE AJUDA

A maior parte de nós já viveu a experiência de conviver com uma pessoa querida que está enfrentando algum problema de saúde mental; por isso, todos sabemos como é difícil ajudar uma pessoa nessa situação. É bem provável que você já tenha tentado dar o seu melhor para ela, mas teve medo de dizer algo "errado".

Como psicoterapeuta, vejo com frequência casais, amigos, irmãos e outros familiares em busca de orientação sobre como apoiar pessoas queridas que sofrem de ansiedade, depressão ou convivem com algum tipo de trauma.

Mesmo quando a dificuldade enfrentada pela pessoa é visível, quase nunca é fácil entender exatamente qual é o problema, principalmente nos casos em que a pessoa não é capaz de entender ou comunicar o que sente – muitas vezes ela não consegue dar respostas claras sobre o que pode ser feito para ajudá-la.

A boa notícia, porém, é que geralmente não é preciso que saibamos todos os detalhes para oferecer ajuda. O mais importante é auxiliar a pessoa que está em sofrimento com sensibilidade e cuidado.

Seja essa pessoa um parceiro romântico, amigo, membro da família ou colega de trabalho, há muitos modos de ajudá-la.

Espero que as ideias apresentadas neste capítulo o ajudem a entender melhor como oferecer ajuda ou apoio saudável. Mas, se você sentir que precisa de um auxílio mais específico, procure a orientação de um profissional de saúde mental.

RECONHECENDO A AJUDA SAUDÁVEL (E A QUE NÃO É SAUDÁVEL)

Uma parte essencial de qualquer relacionamento é a disposição e habilidade para as duas pessoas se apoiarem mutuamente, mesmo nos momentos difíceis. É muito importante saber que um pode contar com o outro.

Não há nada de errado em precisar de outras pessoas; sempre vivemos em comunidades, e dependemos uns dos outros para sobreviver. A ajuda saudável envolve doação mútua, na qual todos os envolvidos no relacionamento dão e recebem apoio, incentivo e ajuda em questões práticas em proporção mais ou menos igual. Entretanto, os relacionamentos saudáveis também reconhecem que haverá momentos em que um desequilíbrio é inevitável. Isso ocorre particularmente em momentos em que uma pessoa está sofrendo ou enfrentando dificuldades.

O ponto crucial aqui é assegurar que o desequilíbrio seja temporário. Se não for, pode chegar um momento em que o apoio oferecido se torna menos saudável, adentrando aquele território conhecido no mundo da terapia como "codependência".

Codependência emocional é um termo que descreve qualquer relacionamento em que a identidade, o autovalor e a autoestima de uma pessoa só existem na presença e a partir da aprovação de outra. É uma típica resposta a um trauma causado por negligência emocional na tenra infância ou pela convivência em um lar onde havia algum tipo de vício.

A codependência ocorre quando começamos inadvertidamente a definir nossa posição em um relacionamento a partir da quantidade de ajuda oferecida para o outro. Na codependência, é a atenção dada à outra pessoa que traz sentido e propósito à nossa vida. Sem ela, não temos certeza de quem somos. O lema da codependência é "se você está feliz, eu estou feliz".

As pessoas que vivem em um padrão de codependência:

* Precisam sentir que são necessárias.
* Podem se sentir vazias se não cuidarem de alguém.
* Sentem-se responsáveis pelo estado emocional da outra pessoa.
* Acham difícil se afastar da outra pessoa.
* Acham difícil traçar fronteiras entre elas e o outro.

Nos relacionamentos saudáveis, por outro lado, nossa identidade e nosso sentido de propósito não se prendem à necessidade de apoiar ou auxiliar a outra pessoa; fazemos isso simplesmente porque queremos fazê-lo.

Quando oferecemos uma ajuda saudável:

* Gostamos de oferecer apoio, mas também sabemos que cada um é capaz de sobreviver por conta própria.
* Respeitamos a autonomia da outra pessoa.
* Temos bom senso para saber o que é nossa responsabilidade e o que não é.
* Estamos dispostos a fazer alguns sacrifícios para ajudar o outro, mas também impomos limites quanto ao que faremos.
* Valorizamos nossas necessidades e nossos desejos a ponto de não comprometê-los nem ignorá-los.
* Não tentamos mudar o comportamento do outro simplesmente porque não agem da mesma forma como lidamos com as coisas.

Dar apoio saudável é ótimo, mas, se você vir a si mesmo como o "terapeuta" ou o "monge sábio" do outro, com pouca ou nenhuma reciprocidade, ou se sentir que se esgota para ajudar alguém e, com isso, sacrifica as próprias necessidades, repense essa atitude. Estabeleça limites mais firmes (ver Capítulo 6),

VOCÊ É CAPAZ
DE ESTABELECER
RELACIONAMENTOS
SAUDÁVEIS QUE
CELEBREM SUA
AUTENTICIDADE, EM
VEZ DE OCULTÁ-LA.

comunique suas preocupações a alguém de confiança e/ou participe de um grupo de apoio a codependentes.

Reconhecer a diferença entre ajuda saudável e codependência pode ser difícil, principalmente se nunca vivenciamos um relacionamento interdependente saudável antes. Uma boa maneira de iniciar sua jornada para transpor esse padrão é lendo mais sobre codependência e relacionamentos saudáveis (como este livro e outros sobre o tema). Mas, caso sinta necessidade de mais apoio para romper os velhos padrões e formar relacionamentos mais positivos na vida, pense em procurar ajuda profissional.

PAUSA DE CINCO MINUTOS: TEMPO PARA REFLETIR

Caso você se identifique com os padrões de codependência descritos nas páginas anteriores, ou reconheça que é um codependente em processo de recuperação, pergunte-se:

* Como posso oferecer apoio às pessoas que eu amo, mas sem me perder em seu mundo emocional?

Outras perguntas que nos ajudam quando reconhecemos ou temos uma suspeita de que estamos vivendo um momento de codependência são:

* Estou dando espaço para a pessoa se abrir ou estou apenas dando conselhos?
* Estou sacrificando a mim mesmo, meus desejos e meus limites?
* Estou sendo sincero ou me autocensurando?
* Será que realmente tenho tempo e energia para isso?
* Identifiquei e expressei minhas necessidades nessa situação?
* Qual é o gatilho do meu antigo padrão?
* Do que devo me lembrar neste momento?

COMO OFERECER AJUDA SAUDÁVEL

Quando temos certeza de que vivemos um relacionamento interdependente saudável com a pessoa querida, temos vários meios de ser um bom amigo e ajudá-la.

Algumas das melhores maneiras de apoiar os outros são:

* Autoeducação.
* Dar espaço.
* Falar, mas respeitar.
* Auxiliar sem insistir.
* Cuidar da própria saúde mental.

Exploraremos cada um desses itens nas páginas seguintes. Note, porém, que as orientações são específicas para relacionamentos que não sejam codependentes nem contenham qualquer tipo de abuso.

Se você tiver de apoiar um parceiro romântico, amigo, membro da família ou qualquer outro indivíduo abusivo, procure ajuda profissional. Nenhuma dor pessoal justifica a manipulação, a agressão ou a violência.

Autoeducação

A incerteza pode gerar muito estresse. Um tempo dedicado à autoeducação, no sentido de aprender um pouco sobre as dificuldades psicológicas de uma pessoa querida – trauma, ansiedade, depressão ou qualquer outra condição que afete a saúde mental – pode aliviar parte dessa incerteza, além de nos permitir dar à pessoa um apoio mais informado e útil.

Por exemplo, se você apoia alguém que sofre de depressão, é bom saber quais frases devem ser evitadas quando falar com a pessoa sobre como ela se sente. Do mesmo modo, há assuntos que só pioram a condição do transtorno bipolar ou de ansiedade, e você deve saber como fugir deles. Estude os fatos em fontes confiáveis, ou procure o auxílio de um profissional de saúde mental.

Você encontrará a seguir informações sobre trauma que podem ser usadas como ponto de partida de sua autoeducação. No meu trabalho como terapeuta, me deparo quase todos os dias com experiências traumáticas de outras pessoas. "Trauma" é uma palavra que pode gerar confusão, além de ser um termo que costumamos associar com veteranos de guerra. Mas o trauma representa mais que isso, e as informações a seguir o ajudarão a compreender melhor o conceito. Embora essas orientações sejam específicas para o trauma, boa parte delas pode ser aplicada ao apoio que pode ser dado a pessoas com outros transtornos.

Se for o caso, experimente mostrar esta seção a um amigo ou a outra pessoa querida e pergunte o que serve para eles. Sinta-se à vontade para ler mais sobre o assunto se quiser expandir seu conhecimento.

Compreendendo o trauma

O trauma é uma reação interna a um evento ou uma experiência que compromete nossa capacidade de processar e lidar com alguns tipos de situação. Tem impactos no nosso modo de pensar, sentir, perceber e processar o que acontece, provocando efeitos físicos, sociais, emocionais e psicológicos.

Quando ouvimos a palavra "trauma", pensamos automaticamente em algo físico ou associamos o termo, conforme já mencionado, com pessoas que viveram situações de guerra. Entretanto, *qualquer* evento estressante com impacto negativo sobre nossa habilidade para processar e lidar com a vida pode ser considerado um trauma.

Em termos terapêuticos tradicionais, o trauma se divide em "trauma com 't' maiúsculo" e "trauma com 't' minúsculo" – uma distinção que confunde, na melhor das hipóteses, ou cria estigmas, na pior. Para esclarecermos esse ponto: essa distinção não reflete a severidade do trauma, mas uma diferença no processo e na duração de cada tipo de trauma.

Os eventos do tipo "'t' maiúsculo" geralmente são experiências únicas que fazem uma pessoa se sentir desesperada ou impotente, como, por exemplo, um desastre natural, um evento de abuso sexual, um ataque terrorista ou um acidente de carro.

Os eventos de "'t' minúsculo" podem não ser visíveis, mas causam estresse crônico, com efeitos sérios e debilitantes sobre a habilidade para lidar com as situações. Exemplos de eventos desse tipo podem ser um divórcio, negligência emocional na infância, *bullying*, problemas financeiros ou abuso emocional contínuo.

Estresse e trauma têm relação direta. O estresse excessivo pode evoluir para um trauma complexo.

O trauma com "t" maiúsculo não é "pior" nem "mais sério" que o trauma com "t" minúsculo. Apesar desses nomes clínicos, não existe um trauma que seja "pequeno". O trauma é um sentimento fundamental de ameaça e uma sensação de perda da segurança. É diferente para cada pessoa e, embora a divisão seja clinicamente útil para os profissionais da saúde mental, do ponto de vista da vítima a severidade do trauma não pode ser definida por categorias.

Os sintomas físicos do trauma incluem, mas não se limitam a: fadiga, dificuldade para se concentrar, reações mais sensíveis a sustos (o que faz a pessoa ter sobressaltos ou se retrair com mais frequência do que o normal), alterações no ciclo menstrual e surgimento de doenças autoimunes, como artrite reumatoide, colite, além de insônia, depressão e ansiedade.

Do ponto de vista social, o trauma pode tornar mais difícil confiar nas boas intenções das pessoas ao nosso redor, causar uma desconexão da rotina diária e perda da calma com mais frequência, podendo gerar maior isolamento e menos desejo de contato com amigos. Outros sintomas incluem o sentimento de sufocamento em locais públicos e a hipercrítica consigo mesmo e com os outros.

O impacto emocional do trauma pode se manifestar em exagerada preocupação com detalhes sem importância, ânsia para fazer grandes mudanças, impulsividade e uma sensação de vazio, com os dias parecendo insípidos e sem sentido. A pessoa traumatizada pode também achar que está decepcionando pessoas próximas, além de ser assolada por uma quantidade excessiva de dúvidas.

Do ponto de vista psicológico, o trauma provoca impactos na função cerebral de maneiras diversas e complexas. Três das alterações mais estudadas ocorrem na amígdala (centro do medo), no córtex pré-frontal (centro do pensamento) e no córtex cingulado anterior (centro de regulação das emoções). Os centros do pensamento e da regulação de emoções de um cérebro traumatizado podem ficar subativados, enquanto o centro do medo se torna superativado. É por isso que pessoas traumatizadas acham difícil se concentrar, se envolver ou se tranquilizar, ao mesmo tempo que se sentem descontroladas, irritadas ou à beira de um colapso, sempre prevendo um perigo iminente.

Os sintomas psicológicos resultantes do trauma podem incluir: *flashbacks*, insônia, pesadelos, sensação de estar perdendo tempo, dissociação, desrealização (uma alteração na experiência da realidade, que faz com que as coisas pareçam irreais), sentimento de desconexão, hipervigilância e dificuldade de memória.

Algo que é apenas incômodo ou triste para uma pessoa pode ser traumático para outra, e vice-versa. Embora todos tenhamos mágoas, nem todos somos traumatizados.

Compreender os efeitos de um trauma sobre alguém é mais importante do que analisar o evento traumático em si. Não há qualquer definição ou indivíduo capaz de se sobrepor à experiência, à memória, à magnitude da experiência e da sensação de que algo foi traumático. Trauma é sempre trauma e, seja qual for a experiência vivida, ela merece nosso respeito, nossa compaixão e nossa empatia.

Dar espaço

Talvez você já tenha ouvido algum amigo que está fazendo terapia falar sobre a necessidade de "dar espaço" para o outro, ou talvez tenha lido algo nas redes sociais a respeito disso. Mas o que a ideia significa, afinal?

Em termos simples, a ideia é dar de fato espaço para outra pessoa, ou fazê-la se sentir notada naquele momento. Seja em uma conversa telefônica, seja durante um bate-papo acompanhado de um café, você se faz presente e está disposto a ouvir sem julgar.

Dar espaço é mais que segurar a língua e não interromper quando o outro está falando. Significa deixar suas opiniões de lado e dar à outra pessoa um campo aberto para falar do que está acontecendo com ela. Às vezes, escutar é suficiente. Outras vezes, cabe um pequeno diálogo. Outras ainda, basta se sentar em silêncio ao lado da pessoa.

Quando damos espaço, abrimos mão da nossa necessidade de controle e, em vez de impor nossas narrativas, nosso conhecimento ou nossas estruturas à experiência da outra pessoa, acompanhamos os pensamentos *dela* e a necessidades *dela* naquele momento.

DAR ESPAÇO PARA
OUTRA PESSOA SIGNIFICA:

– ESCUTAR E OBSERVAR SEM JULGAR.

– NÃO IGNORAR NEM INSISTIR; ESTAR ABERTO PARA O QUE VIER.

– NÃO APRESSAR SOLUÇÕES NEM ENFATIZAR NOSSAS EXPERIÊNCIAS.

– NÃO TENTAR RESGATAR, CONSERTAR O PROBLEMA OU SUGERIR OUTRA PERSPECTIVA.

– ESTAR PRESENTE E ACEITAR, EVITANDO AFIRMAÇÕES DO TIPO "VOCÊ DEVERIA" E "VOCÊ TEM QUE".

Parece muita coisa, e realmente é. Dar espaço pode ser difícil, mas o conceito não é complexo e talvez você até já o tenha posto em prática. Por exemplo, se você é o tipo de indivíduo a quem pessoas em uma fila do supermercado se abrem para falar de si, provavelmente já sabe ouvir sem criticar ou querer consertar todos os problemas.

A prática de dar espaço pode ser exemplificada em atitudes comuns, como esse exemplo do supermercado. No entanto, a maioria das pessoas tem dificuldade em fazer isso com aqueles que lhe são mais próximos, justamente por causa dessa proximidade. É muito difícil manter o distanciamento saudável, a objetividade e o espaço emocional quando já temos, nos relacionamentos, conhecimento anterior e pressuposições, fatores que dificultam um pouco essa abertura de espaço.

PAUSA DE CINCO MINUTOS:

Vamos pensar por um momento no espaço que os outros abrem para nós no dia a dia. Com que frequência você se sente à vontade para falar com segurança e abertura sobre algo pessoal, sem medo de julgamentos, ainda que sutis?

Se você faz terapia ou tem um amigo ou parceiro romântico que sabe dar espaço para você, a resposta à pergunta acima deve ser "regularmente". Mas, infelizmente, isso não acontece com todas as pessoas, e só quando elas experimentam o valor desse espaço é que descobrem o que estavam perdendo. Na presença é que compreendemos a ausência.

Normalmente, ninguém nos ensina a dar espaço. E, para a maioria das pessoas – principalmente aquelas que cresceram com irmãos –, um espaço ininterrupto dedicado a elas sempre foi algo transitório, uma dádiva valiosa só disponível de vez em quando. Dar espaço é uma habilidade preciosa que precisa ser aprendida.

À medida que nos tornamos mais hábeis em estar presentes e deixar de lado nossas opiniões, começamos a desenvolver um instinto que indica quando é preciso dar orientação ou quando a opção mais sábia é guardar nossas ideias. Por exemplo, tendemos a perceber do que a pessoa precisa em certo momento e lhe damos, mesmo que ela esteja perdida, sem conseguir pedir nada. Por outro lado, melhor seria suprimir nossas sugestões, por mais generosas que sejam, se sentirmos que elas só fariam com que a pessoa se sinta tola ou incapaz.

Sempre vale a pena verificar se estamos oferecendo soluções para aliviar a dor dos outros ou se, por baixo da ajuda, estamos tentando amenizar um desconforto que surgiu em nós mesmos. As dificuldades relatadas por outra pessoa podem despertar todos os tipos de pensamentos e emoções em nós; portanto, é preciso estar atento.

Essa é uma dança que exige cuidado e que todos precisamos aprender quando damos espaço para os outros. Localizar as áreas em que a pessoa se sente mais vulnerável e aprender se ela precisa de orientação ou de silêncio é uma tarefa que envolve prática, erros e um pouco de humildade. Mas a prática dessa dança compensa, pois pode ajudar os outros mais do que imaginamos.

Falar, mas respeitar

Estigmas de saúde mental, sejam eles explícitos, sejam implícitos, infelizmente são muito reais. O estigma implícito se manifesta como uma relutância em reconhecer a dor do outro porque você não se sente à vontade com a situação ou porque teme envergonhá-lo. Ainda que motivada por bons sentimentos, a atitude de evitar conversas sobre problemas psicológicos só aumenta o estigma e o subsequente embaraço relacionado a esses problemas.

Se um amigo vai ao médico porque está enfrentando um problema estomacal, perguntamos para ele como foi a consulta. Mas, em geral, não procuramos saber como uma pessoa está se sentindo depois de ter ido a uma sessão de terapia ou uma consulta com um psiquiatra. Portanto, faça esse acompanhamento com as pessoas queridas. Envie uma mensagem. Pergunte como foi, quando estiver a sós com elas. Pode parecer estranho no começo, mas isso não é um problema. A maior parte das conversas progressivas começa assim. Deixe a pessoa querida falar sobre o que a aflige, mesmo que fazer isso a deixe triste. E tente ao máximo dar a ela atenção, ficar tranquilo e apenas ouvir.

AMANHÃ GERALMENTE É
O DIA PREFERIDO PARA COLOCAR
EM PRÁTICA NOSSAS
MELHORES INTENÇÕES.
EM VEZ DISSO, COMECE HOJE
MESMO UMA CONVERSA
SOBRE SAÚDE MENTAL.

Se a pessoa não estiver aberta para falar sobre suas experiências, não pressione nem tente investigar. Respeite seus limites. Talvez ela precise de algum tempo sozinha para refletir. Uma boa maneira de lidar com esse tipo de situação é oferecer apoio e, de vez em quando, repetir a oferta. Agindo assim, você deixa claro que vai ajudar caso ela precise, sem ficar insistindo para que aceite. Você pode dizer algo assim:

"Você parece meio triste hoje. Quer conversar?"

Se a pessoa querida disser "não", você pode acrescentar: "Tem certeza? Estou aqui, se precisar de mim" ou "Você sabe que pode me ligar a qualquer hora, se precisar de um ouvido amigo ou quiser bater um papo".

Se, ainda assim, a resposta for negativa, não insista. A oferta de ajuda feita duas vezes já estabelece uma conexão forte e dá um sinal claro de que você está disposto a ouvir e estará por perto se a pessoa precisar. Caso a pessoa querida *queira* falar do que está acontecendo, tome cuidado para não presumir que ela está querendo que você dê a ela conselhos ou que "conserte" as coisas.

Às vezes, é difícil dar início a uma conversa sobre o problema com alguém que você conhece que está passando por dificuldades. Se a ideia de uma conversa pessoal for muito intimidadora, envie uma mensagem ou um *e-mail*. Não existe um "momento perfeito" para iniciar uma conversa sobre qualquer questão de saúde mental, mas o ideal é que você reserve um tempo de pelo menos uma hora para isso, de modo que você não fique com pressa para terminar nem precise interromper o bate-papo de forma abrupta.

Veja a seguir, na seção "Pausa de Cinco Minutos", algumas dicas do que você pode dizer para uma pessoa com quem esteja preocupado.

Não se aflija caso não se sinta à vontade. Esse desconforto faz parte do processo, mas ele vai passar. Amanhã geralmente é o dia preferido para colocar em prática nossas melhores intenções. Em vez disso, comece hoje mesmo uma conversa sobre saúde mental.

PAUSA DE CINCO MINUTOS:
INICIE UMA CONVERSA

Às vezes, queremos ajudar, mas simplesmente não sabemos como fazer isso, não sabemos o que falar. Aqui você encontrará algumas dicas para começar um bate-papo sobre a saúde mental de uma pessoa querida. Leia os exemplos e adapte-os para seu caso.

* Tenho notado nos últimos [dias, semanas...] que você parece zangado/triste/distraído/estressado...
* Ultimamente venho notando que você perdeu o interesse por [uma coisa que a pessoa gosta]/não tem dormido bem/não tem se alimentado bem/tem bebido mais...
* Fico meio sem graça/com vergonha/nervoso ao tocar nesse assunto, mas...
* Só estou falando sobre esse assunto porque me preocupo com você/tenho medo/quero que saiba que me importo/não sei o que fazer ou dizer/não sei se você já falou com alguém sobre o que está sentindo/isso está afetando nosso relacionamento...
* Quero que você saiba que pode contar comigo/fale mais sobre isso/fale com um médico/converse com um terapeuta/procure um grupo de apoio/pense em alguma estratégia para lidar com isso. O que posso fazer para ajudar?

Se a pessoa com quem você se preocupa estiver disposta a conversar, lembre-se, como já mencionamos quando abordamos os traumas, de que algumas palavras que poderíamos dizer por frustração ou amor mal direcionado podem ter um impacto negativo sobre aquele indivíduo que amamos e queremos ajudar, por melhor que seja nossa intenção.

Portanto, evite frases como:

* "Ah, mas isso não é tão ruim assim."
* "Mas isso está acontecendo por sua culpa."

* "As coisas podiam estar muito piores."
* "Você não estaria passando por isso se Deus achasse que você não daria conta."
* "[Outra pessoa] está em situação pior."
* "Você não parece ansioso/deprimido."
* "A vida é injusta mesmo, não é?"
* "Não há nada errado com você."
* "É só coisa da sua cabeça."
* "Você precisa sair mais de casa."
* "Saia dessa/Erga a cabeça/Bola pra frente."
* "Seja mais positivo."
* "Apenas vibrações boas, hein?"
* "Você já experimentou fazer [nome de alguma terapia questionável da moda]?"
* "Ora... Shakespeare escreveu *Rei Lear* durante uma pandemia."

Em vez dessas frases, mostre que você valida o sentimento da pessoa e que tem carinho por ela, com palavras assim:

* "É normal que você se sinta assim."
* "Deve ser difícil mesmo encontrar um lado bom dessa situação."
* "Nem sempre há um lado positivo em tudo."
* "Você é importante para mim."
* "Eu amo você."
* "Você não está louco, nem sozinho. Eu estou aqui ao seu lado."
* "Talvez eu não esteja conseguindo entender, mas quero tentar."
* "Lamento que você esteja sofrendo tanto assim."
* "Sei cuidar de mim; pode desabafar comigo."
* "Você não é um fardo."

Ajudar sem insistir

Ajudar alguém de forma efetiva significa compreender que as pessoas são diferentes e reconhecer que tais diferenças podem levá-las a fazer escolhas que *nós* não faríamos necessariamente. Embora você queira ajudar e possa tomar decisões ou lidar com uma situação de uma maneira diferente, é sempre bom questionar, antes de dizer palavras de "sabedoria", se você está dando "assistência" ou se está apenas sendo "insistente".

O nosso jeito de fazer as coisas não é o único jeito certo. Portanto, é importante deixar a pessoa que você ama tomar as próprias decisões e ter experiências diferentes da sua.

Quando alguém que amamos está sofrendo ou enfrentando dificuldades, é muito tentador dar respostas na tentativa de salvá-las ou resgatá-las. Embora essa atitude nos alivie, pode fazer a outra pessoa se sentir isolada, o que se reflete em pensamentos como "Meu problema incomoda os outros; é melhor eu não mencioná-lo de novo"; inapropriada, com sentimentos que podem ser expressados com ideias como "Acham que não sou capaz de me virar sozinho"; e/ou experimentar uma dor emocional maior. Quando a pessoa não está bem, o que ela mais precisa é de alguém que simplesmente a *escute*. Ela não quer que você fique insistindo ou que tente "consertar" o problema; ela só precisa saber que você se importa com ela. É isso que de fato ajuda, no fim das contas.

Oferecer apoio cedendo seu tempo para ouvir com atenção e curiosidade é muito mais benéfico que sugerir possíveis soluções ou meios de escapar do sofrimento.

Essa atenção às vezes consiste em simplesmente ser direto a ponto de apenas repetir o que seu amigo acabou de lhe dizer, ajudando-o a ter mais clareza sobre o que está acontecendo. Pode ser algo comum, como fazer algumas perguntas, sem tentar desviar a pessoa das próprias decisões. Pode ser um convite para o cinema, uma caminhada ou um café, mesmo que você tenha certeza de que a oferta será recusada. Enfim, tente descobrir o que seria mais apropriado naquele momento.

Se você sentir que vale a pena dar um conselho, verifique antes se a pessoa está aberta para ouvi-lo. Caso esteja, dê seu conselho com tranquilidade, sem expectativas ou objetivos. Seja paciente. Você não precisa saber todos os detalhes da situação para oferecer apoio. Só a sua presença já pode ajudar alguém que, cedo ou tarde, irá se abrir.

Claro que há situações em que sabemos intuitivamente que o melhor para a pessoa querida (e talvez também para os demais envolvidos) será ouvir nossas sugestões, principalmente quando a questão envolve a segurança física e emocional de terceiros. Siga seu instinto e pratique o discernimento.

Se você acha que uma pessoa está em perigo, sofrendo abuso ou que pode até tirar a própria vida, fale o quanto antes com alguém de sua confiança, algum médico conhecido ou um profissional de saúde mental. Há organizações especializadas em saúde mental que prestam um serviço inestimável 24 horas por dia, sete dias por semana.

Às vezes, nosso apoio amigo não é suficiente. Portanto, se alguém muito próximo de você ainda estiver angustiado após semanas ou meses de sofrimento, não hesite em sugerir que procure a ajuda direta de um profissional de saúde mental. Você pode até se oferecer para ajudá-lo a encontrar um desses especialistas. Se a pessoa tiver de tomar decisões difíceis, tente conversar com ela sobre as opções disponíveis.

Cuidar da própria estabilidade mental

Às vezes, somos ótimos para cuidar dos outros, mas não prestamos atenção no nosso próprio bem-estar. Se você está nessa categoria, talvez sinta que conversar com terceiros sobre o apoio a uma pessoa querida seria uma traição da confiança dessa pessoa ou uma autoindulgência. Mas cuidar da própria estabilidade mental não é nada disso! Falar com alguém sobre os seus sentimentos é tão importante quanto apoiar os outros com o que eles sentem, pois assim você também se mantém saudável.

Vamos analisar o caso dos psicoterapeutas, por exemplo. A maioria de nós também consulta outros terapeutas, além de contar com sessões de supervisão pessoal, sessões de supervisão em grupo e *workshops* com colegas. Na qualidade de clínicos, precisamos manter o tanque cheio se quisermos continuar com o trabalho de dar espaço para tantos pacientes angustiados.

Mas isso vale para qualquer pessoa que tente oferecer apoio aos outros. Se a saúde mental dela não estiver em perfeita forma, ela corre o risco de desmoronar e adoecer se persistir em dar a atenção que ela acredita que é capaz de oferecer.

É evidente que alguém que esteja transbordando ansiedade e estresse não é a pessoa mais adequada para dar espaço para ouvir a ansiedade e o estresse de outros. Eu não tenho como compartilhar um recurso que esteja faltando para mim.

Através do autoconhecimento, aprendemos a ser um apoio saudável para os outros e, enquanto nos curamos, um ou outro escorregão é inevitável. O processo de cura exige que não nos depreciemos ao cair, mas que saibamos levantar e cuidar de nós mesmos depois da queda.

PAUSA DE CINCO MINUTOS:
FAÇA UM *CHECK-UP* REGULAR

É importante fazer um *check-up* de vez em quando para saber como está sua saúde mental, respondendo às seguintes perguntas:

* Como estão as coisas comigo?
* Preciso de alguma coisa neste momento?
* Tenho dormido bem? E como está meu apetite?
* Do que preciso para ter mais equilíbrio e presença?
* Como está minha capacidade para lidar com as emoções hoje?
* Que mudanças preciso fazer na minha rotina diária para me sentir melhor?

Ajudar os outros não pode ser algo que lhe faça mal; portanto, não esqueça de encontrar tempo para cuidar também de você. Por exemplo:

* Conte com uma rede de apoio.
* Estabeleça limites.
* Respeite esses limites.
* Dê um tempo para processar seus sentimentos.
* Escreva em um diário, medite ou faça algo que lhe traga calma.
* Passe algum tempo fazendo coisas que te dão prazer.

É muito importante reconhecer quais são os limites da nossa capacidade, e você deve fazer isso sem culpa ou vergonha. Só quando reconhecemos, priorizamos e honramos nossas necessidades continuamente – como parte de nossa jornada ininterrupta de autoconhecimento – é que temos condições reais de oferecer ajuda e apoiar os outros em seus momentos de necessidade.

SÓ SOMOS

CAPAZES DE OFERECER O

MELHOR SUPORTE POSSÍVEL

PARA OS OUTROS NO LONGO PRAZO

QUANDO RESPEITAMOS NOSSOS

LIMITES E COMPREENDEMOS

A NOSSA RESPONSABILIDADE

COMO AMIGOS.

LEMBRETES MENTAIS

Reserve cinco minutos ao fim de cada dia, durante um mês, refletindo sobre o seguinte:

* Que exemplos de ajuda saudável ou de ajuda não saudável eu dei ou testemunhei hoje? Por exemplo: perguntei a um amigo se ele precisava de uma sugestão para um assunto de seu interesse e respeitei a decisão quando ele disse "não"...
* Como as outras pessoas deram espaço para mim hoje? Como me senti com isso? Por exemplo: meu namorado/minha namorada me ligou para saber como foi meu dia e isso me deu uma sensação de acolhimento e amor.
* A partir das respostas acima, como posso basear meu apoio de agora em diante? Por exemplo: coisinhas simples, como um telefonema, fazem toda a diferença. Posso fazer isso mais vezes com meus amigos...
* Do que preciso para cuidar de minha saúde mental enquanto apoio os outros? Por exemplo: é importante que eu tenha tempo para escutar aquele *podcast* que adoro. É importante sair para uma caminhada amanhã...

No fim do mês, você terá muito material para consultar sobre apoios saudáveis e não saudáveis, saberá abrir espaço e cuidar de sua saúde mental, ao mesmo tempo que auxilia os outros.

POSFÁCIO

Bem, chegamos ao fim! Ou será o começo? O começo de sua jornada contínua de autoconhecimento, aprendendo mais sobre quem você é e onde quer estar.

Não importa se você leu o livro de forma linear, da primeira à última página, ou se saltou entre os capítulos: o que espero é que tenha recebido inspiração.

Nunca gostei de despedidas. Na minha pressa para que esses processos terminem logo, quase sempre me esqueço de algo que gostaria de ter dito: um sentimento, uma gratidão, um pensamento. Esse é um padrão que não quero repetir aqui com você! Então, deixo ao menos três reflexões que gostaria de compartilhar e que me arrependeria muito caso me esquecesse delas.

1. VÁ COM CALMA

Isso mesmo. Você merece uma jornada sustentável. Não se esgote tentando descobrir e aplicar tudo ao mesmo tempo. Não se culpe caso algumas partes deste livro pareçam demais para você no momento. Volte a elas mais tarde, quando estiver pronto. Eu também tenho dificuldade, resisto, nego e me esquivo, às vezes. Estou longe de meu "eu superior". Nem tenho tanto interesse em procurá-lo. Mas sigo o caminho e vou aprendendo. Portanto, estamos juntos, descobrindo modos melhores de lidar com as coisas quando as dificuldades aparecem, com amor e compaixão em tudo o que aprendemos e fazemos.

2. NÃO TENHA MEDO DE PEDIR AJUDA

Há uma antiga expressão irlandesa – *Giorraíonn beirt bóthar* – que significa: "Duas pessoas encurtam o caminho". Eu acredito piamente nisso. Por favor, nunca acredite que você deva fazer sua jornada de autodesenvolvimento sem companhia. Há alguns anos, procurei apoio de um profissional de saúde mental. Minha primeira experiência não foi positiva nem agradável, mas até hoje sou grata por não ter interrompido minha busca ali. Pelo contrário, continuei procurando e encontrei uma terapeuta sensacional, com a qual me consultei por três anos. Não é exagero dizer que, sem ela, este livro não existiria. Na verdade, sem ela, eu não seria como sou hoje. Uma experiência ruim não pode ser traduzida com uma ideia como: "Todo apoio psicológico é ruim". Continue procurando a ajuda necessária, seja de pessoas queridas, grupos de apoio ou terapeutas qualificados (veja a lista "Recursos e Fontes" como ponto de partida). E saiba que pode contar com sua rede de apoio quando se sentir sem energia.

3. AUTOCONHECIMENTO É UM PROCESSO PARA A VIDA INTEIRA, MAS É MAIS QUE ISSO: UMA OPORTUNIDADE PERENE

Você não vai parar de descobrir, mudar ou crescer em determinada idade ou estágio de sua jornada de autoconhecimento, nem deveria! Quero que você viva *explorando*. Quero que viva *descobrindo*. Mas, acima de tudo, quero que viva *com curiosidade*. Você merece ter uma vida que abranja todas as possibilidades de imperfeição. Você merece uma vida que não exija que abra mão das coisas boas a seu dispor. Merece desfrutar o mundo de oportunidades que se abrem à sua frente.

Este é o seu momento. Se você aceitá-lo. Se abraçá-lo.

E aí, topa?

RECURSOS E FONTES

Se quiser conhecer melhor meu trabalho, procure-me no Instagram: @TheMindGeek. Apareça por lá para me dar um "Oi!". As fontes a seguir o ajudarão a expandir seu conhecimento sobre certos temas e seus sistemas de apoio.

SITES DE APOIO PARA SAÚDE MENTAL

ALustForLife.com

Aware.ie

BetterHelp.com

MentalHealthIreland.ie

Mind.org.uk

Nhs.uk

Pieta.ie

PsychologyTools.com

TalkSpace.com

APPS

Calm

Headspace

LIVROS

Levine, Dr. Amir e Heller, Rachel. *Attached*, 2019. Bluebird.

O' Morain, Padraig. *Daily Calm*, 2019. Yellow Kite.

Perry, Philippa. *The Book You Wish Your Parents Had Read (and Your Children Will be Glad That*

You Did), 2019. Penguin Life.

Stanley, Elizabeth A. *Widen the Window*, 2019. Yellow Kite.

Van der Kolk, Bessel. *The Book You Wish Your Parents Had Read (and Your Children Will be Glad That You Did)*, 2019. Penguin Life.

OUTROS

Além de todos esses recursos, eis os que funcionam muito bem para mim:

* Um terapeuta de confiança.
* Um bom amigo.
* Um bom livro para ler.
* Uma xícara de um chá forte.
* Um abraço do meu parceiro.

Um diário ou uma folha de papel para escrever.

* Nunca descarte esses recursos fundamentais.

AGRADECIMENTOS

Este livro é maior do que eu. É a amálgama da sabedoria emprestada de todos aqueles que guardo no coração e que caminharam ao meu lado. Sem vocês, estas palavras não existiriam.

À minha noiva, Claire Kennelly, você não só me apoiou em meio às minhas mais terríveis lágrimas, mas construiu, fisicamente, um cantinho de escritora em nosso pequeno apartamento para eu escrever como que sob uma luz mágica, naqueles meus piores dias. Obrigada por sua fé inabalável em mim, quando eu não acreditava em mim mesma. Não vejo nenhuma outra pessoa com quem poderia ter vivido a experiência de escrever durante a pandemia. Amo-a demais.

Louise Eccles, sei que já repeti isso para você várias vezes, mas aqui vai de novo. Em seu livro *American Wife* (A Esposa Americana), Curtis Sittenfeld escreveu: "Ela era o motivo de eu ser leitor, e sendo leitor me tornei mais eu mesmo". Jamais esquecerei que foi você quem me ofereceu meu primeiro livro de uma biblioteca e ao mesmo tempo desenvolveu meu amor pela palavra escrita. Você foi meu primeiro lar, meu primeiro porto seguro, e ainda é até hoje. Obrigada por seu apoio incessante e por mostrar o significado da amizade às pessoas que têm a sorte de fazer parte de sua vida.

Lisa Crosby, você foi o tempo todo uma animadora de torcida. Realmente não tenho palavras suficientes para lhe agradecer. As pessoas subestimam a necessidade de entusiasmo e curiosidade, algo que você compartilha sem reservas. Sempre teve a paciência de ouvir meus resmungos de crescente incerteza, com café fresquinho e bolinhos. Obrigada por sua perspicácia e por me lembrar de que sempre há uma perspectiva mais ampla.

A meus irmãos, Brian, Martin e Paddy. Finalmente, uma coisa para apoiar o chá e nivelar o pé da mesa torta. Obrigada por todo o riso, pelo carinho, pelos memes, pelo entusiasmo e pelo orgulho por sua irmã caçula.

A meus pais. Mamãe, acho que não existe nenhum lojista em Louth que não saiba que escrevi um livro, e as muitas encomendas antecipadas deixaram os editores muitos felizes. Papai, atribuo boa parte do que conquistei à sua infinita generosidade e à prioridade perene que sempre deu ao bem-estar de seus filhos, acima de tudo. Jamais me esquecerei disso. Obrigado aos dois por absolutamente tudo.

Adam e Ben, não há nenhum Pokémon por aqui, mas daqui a dez anos talvez este livro desperte o interesse de vocês. Do contrário, procurem nas listas de sugestões exemplos de como seus tios podem usar este livro. De qualquer forma, pretendo dá-lo de presente por algumas décadas ainda.

Ger Minogue, eu não seria quem sou sem você. Você mudou minha vida, como continuará mudando a vida de muitas outras pessoas, tenho certeza. Você é a espinha dorsal deste livro. Agradeço-lhe do fundo do coração.

Áine Moriarty, você foi a primeira pessoa a quem eu disse, um dia, que queria ser escritora. Você acreditou naquela menininha de 7 anos e continuou me perguntando sobre o livro desde então. Obrigada por sua amizade; sem você, as coisas teriam sido muito diferentes. Estamos a oceanos de distância uma da outra, mas eu a tenho em meu coração o tempo todo.

Ann Glesson, não posso imaginar como eu teria me formado e ido mais longe sem a sua presença. Você é a cura de todas as doenças! Obrigada pela orientação, pelas dores de barriga e pelas noites regadas a uísque. Eu não estaria onde estou sem você. Becky Kehoe, precisaria de um livro inteiro só para lhe agradecer, mas, resumindo, obrigada, meu docinho, eu te amo muito! Aisling Hoey, este não é exatamente *Jurassic Mart*, mas espero que o considere *carbáge*, mesmo assim (prometo que, quando essa maravilha decolar, a dedicatória será inteiramente sua). Wil Wright, obrigada por sua infalibilidade, coerência, perspicácia e, principalmente, por voltar para Dublin. Aquele foi um ano triste. Não faça mais isso.

Mary e Eliza Kennelly, duas fontes de cura imensas. Seu apoio foi tudo. Serei para sempre grata por tê-las em minha vida e, agora, por chamá-las de família.

Sarah Williams, minha agente literária. Como começo, agora? Sem você, nada disto teria acontecido, nem chegado *perto* de acontecer (ainda assim, o agradecimento é pequeno)! Você é pura magia, e sou muito feliz por ter apostado em mim.

Zennor Compton, obrigada pela enorme paciência, pelo olhar atento, pela sabedoria, pelas palavras de conforto e por não sair correndo ao receber o primeiro rascunho do livro. À equipe da Cornerstone, vocês trabalharam com cada trecho recebido, sempre com o maior cuidado e atenção. Obrigada por acolherem minhas palavras e lhe darem um lar.

A todos que seguem @TheMindGeek no Instagram e que fizeram da conta o que ela é hoje. Cada curtida, compartilhamento, comentário... Nada passou despercebido ou deixou de ser valorizado. Vocês são tão parte deste livro quanto eu. E, sim, ainda não acredito que se concretizou.

E por fim, mas não menos importante, a Missy. Sei que todos acham que seu cão é o melhor, mas, na verdade, foi você. Você me mostrou o que é ser amada incondicionalmente. Gostaria que todas as pessoas soubessem o que é sentir tanto amor. Considero-me uma pessoa de sorte por ter feito parte de sua vida. Obrigada por seus 18 anos. Sinto falta de você todos os dias, garota.

ÍNDICE

Referências de páginas em *itálico* indicam imagens